Psychologische Vertrauensbildung in virtuellen Teams

„Gute Teams haben keine Geheimnisse voreinander. Alles wird miteinander geteilt, egal ob Fehler, Schwächen und Sorgen – ohne Angst vor Repressalien." – Patrick Lencioni

PSYCHOLOGISCHE VERTRAUENSBILDUNG IN VIRTUELLEN TEAMS

PRAKTISCHE STRATEGIEN UND INSTRUMENTE FÜR VERTRAUEN UND TEAMARBEIT

MIT CHECKLISTEN, FRAGEBÖGEN UND PRAKTISCHEN TIPPS FÜR DEN ARBEITSALLTAG!

Von

Daniela Baumüller

Herstellung und Verlag:

BoD – Books on Demand, Norderstedt

ISBN: 978-3-7597-6029-6

Bibliografische Information der Deutschen Nationalbibliothek:

Die Deutsche Nationalbibliothek verzeichnet diese Publikation in der Deutschen Nationalbibliografie; detaillierte bibliografische Daten sind im Internet über https://dnb.dnb.de abrufbar.

Der Umwelt zuliebe: Alle von BoD hergestellten Bücher sind FSC®-zertifiziert.

Vorwort

In der modernen Arbeitswelt, die zunehmend von Digitalisierung und Globalisierung geprägt ist, haben virtuelle Teams an Bedeutung gewonnen. Unternehmen weltweit erkennen die Vorteile flexibler Arbeitsmodelle, die es ermöglichen, Talente unabhängig von ihrem geografischen Standort einzubinden. Diese Entwicklung bringt zahlreiche Vorteile mit sich, wie eine erweiterte Talentbasis, reduzierte Kosten für Büroflächen und eine erhöhte Flexibilität für die Mitarbeiter. Doch mit diesen Vorteilen gehen auch Herausforderungen einher, insbesondere in Bezug auf die Vertrauensbildung und -erhaltung innerhalb von Teams, die nicht physisch zusammenarbeiten.

Virtuelle Teams stehen vor einzigartigen Herausforderungen. Die räumliche Distanz kann leicht zu Missverständnissen und einem Gefühl der Isolation führen. Ohne die spontane Interaktion am Arbeitsplatz, die oft Vertrauen und Zusammengehörigkeit fördert, müssen Teams neue Wege finden, um Beziehungen zu stärken und eine offene Kommunikation zu gewährleisten. Die digitale Kommunikation kann nuanciert sein, aber sie ersetzt nicht das unmittelbare Feedback und die nonverbale Kommunikation, die bei persönlichen Interaktionen stattfinden.

Dieses Buch entstand aus der Erkenntnis, dass Vertrauen ein unverzichtbarer Bestandteil erfolgreicher Teamarbeit ist, unabhängig davon, ob diese virtuell oder physisch stattfindet. Vertrauen fördert die Zusammenarbeit, steigert die Leistung und schafft ein positives Arbeitsumfeld, in dem sich Teammitglieder sicher und wertgeschätzt fühlen. In virtuellen Teams, in denen die direkte persönliche Interaktion fehlt, wird die Schaffung und Aufrechterhaltung von Vertrauen jedoch zu einer besonderen Herausforderung.

Mit diesem Buch möchte ich Ihnen umfassende Einblicke und praktische Werkzeuge an die Hand geben, um die Vertrauensbildung in Ihrem virtuellen Team zu fördern. Ich habe theoretische Grundlagen und aktuelle

Forschungsergebnisse mit praxisnahen Ansätzen und bewährten Methoden kombiniert, um Ihnen einen umfassenden Leitfaden zu bieten. Mein Ziel ist es, Ihnen zu helfen, eine vertrauensvolle und effektive Teamkultur zu schaffen, die auf Transparenz, Offenheit und kontinuierlicher Verbesserung basiert. Sie werden lernen, wie man Vertrauen durch regelmäßige und strukturierte Kommunikation, Teambuilding-Aktivitäten und kulturelle Sensibilität aufbaut und pflegt.

Dieses Buch richtet sich an Führungskräfte, Teamleiter, HR-Professionals und alle, die in oder mit virtuellen Teams arbeiten. Es soll Ihnen nicht nur theoretisches Wissen vermitteln, sondern auch praktische Strategien und Tools vorstellen, die Sie direkt in Ihrem Arbeitsumfeld anwenden können. Jedes Kapitel ist darauf ausgelegt, Ihnen konkrete Handlungsempfehlungen zu geben, die sich leicht umsetzen lassen und sofortige positive Effekte auf die Vertrauensdynamik Ihres Teams haben.

Ich hoffe, dass dieses Buch Ihnen nützliche Erkenntnisse und praktische Anleitungen bietet, um das Vertrauen in Ihrem virtuellen Team zu stärken und zu erhalten. Möge es Ihnen helfen, die Herausforderungen der virtuellen Zusammenarbeit zu meistern und Ihr Team zu neuen Höhen des Erfolgs zu führen. Vertrauen ist der Schlüssel zu einem harmonischen und produktiven Team, und ich bin überzeugt, dass Sie mit den hier vorgestellten Methoden und Strategien auf dem besten Weg sind, dieses Vertrauen in Ihrem Team zu festigen.

Viel Spaß beim Lesen und viel Erfolg bei der Anwendung der vorgestellten Strategien!

Herzliche Grüße

Daniela Baumüller

INHALTSVERZEICHNIS

EINLEITUNG

Die Digitalisierung hat die Art und Weise, wie wir zusammenarbeiten, grundlegend verändert. Virtuelle Teams sind heute in vielen Unternehmen und Organisationen die Norm. Diese neue Arbeitsweise bringt viele Vorteile mit sich, stellt uns aber auch vor neue Herausforderungen, insbesondere wenn es um den Aufbau und die Erhaltung von Vertrauen geht. Vertrauen ist der Schlüssel zu effektiver Zusammenarbeit, hoher Produktivität und einem positiven Arbeitsklima. Doch wie kann Vertrauen in einer virtuellen Umgebung geschaffen und gepflegt werden? Dieses Buch widmet sich dieser zentralen Frage und bietet Ihnen praxisnahe Lösungen, um Vertrauen in virtuellen Teams aufzubauen und zu stärken. Entdecken Sie bewährte Methoden, praktische Werkzeuge und inspirierende Fallstudien, die Ihnen helfen werden, Ihr virtuelles Team erfolgreich zu führen.

Hintergrund und Bedeutung des Themas

In einer Welt, in der geografische Entfernungen zunehmend an Bedeutung verlieren, gewinnen virtuelle Teams immer mehr an Relevanz. Unternehmen erkennen die Vorteile flexibler Arbeitsmodelle, die es ermöglichen, Talente aus aller Welt zu vereinen. Doch trotz aller technologischen Fortschritte bleibt eine zentrale Herausforderung bestehen: Wie lässt sich Vertrauen in einem Team aufbauen, dessen Mitglieder sich möglicherweise nie persönlich treffen? Vertrauen ist das Fundament jeder erfolgreichen Zusammenarbeit und spielt eine entscheidende Rolle für die Teamdynamik und Leistung. Dieses Buch beleuchtet die verschiedenen Aspekte der Vertrauensbildung in virtuellen Teams und zeigt auf, warum dieses Thema in der modernen Arbeitswelt so wichtig ist. Mit einem tiefen Verständnis für die psychologischen Grundlagen und den praktischen Herausforderungen bietet es wertvolle

Einblicke und Handlungsempfehlungen für Führungskräfte und Teammitglieder gleichermaßen.

Warum ist Vertrauen in virtuellen Teams wichtig?

In der heutigen Arbeitswelt sind virtuelle Teams keine Seltenheit mehr. Mit der zunehmenden Digitalisierung und Globalisierung arbeiten immer mehr Unternehmen und Organisationen mit verteilten Teams, die durch elektronische Kommunikationsmittel miteinander verbunden sind. In diesem Kontext spielt Vertrauen eine entscheidende Rolle. Aber warum ist Vertrauen in virtuellen Teams so wichtig? Dieser Abschnitt beleuchtet die wesentlichen Gründe und die Bedeutung von Vertrauen in der modernen Arbeitswelt.

Effiziente Zusammenarbeit und Kommunikation

Effiziente Zusammenarbeit ist das Herzstück erfolgreicher Teamarbeit, und Vertrauen ist dabei ein entscheidender Faktor. In virtuellen Teams, wo physische Interaktionen fehlen, sind klare und offene Kommunikationswege umso wichtiger. Vertrauen fördert eine Umgebung, in der Teammitglieder bereit sind, ihre Gedanken und Ideen frei zu äußern, ohne Angst vor negativen Konsequenzen.

- **Transparente Kommunikation**: Vertrauen ermutigt Teammitglieder, offen und ehrlich zu kommunizieren. Dies minimiert Missverständnisse und fördert eine reibungslose Zusammenarbeit. Teammitglieder teilen proaktiver Fortschritte und mögliche Herausforderungen in einem Projekt, was die Teamkoordination verbessert.

- **Schnelle Entscheidungsfindung**: Wenn Teammitglieder einander vertrauen, können Entscheidungen schneller und effektiver getroffen werden, da weniger Zeit für Kontrolle und Validierung aufgewendet wird.

Steigerung der Produktivität und Effizienz

Vertrauen in virtuellen Teams wirkt sich direkt auf die Produktivität und Effizienz der Teammitglieder aus. Wenn Vertrauen vorhanden ist, sind Teammitglieder motivierter und engagierter, was zu einer höheren Arbeitsleistung führt.

- **Reduktion von Kontrollmechanismen**: In einem Umfeld des Vertrauens ist weniger Kontrolle notwendig. Dies spart Zeit und Ressourcen, die besser in produktive Tätigkeiten investiert werden können. Zum Beispiel können Führungskräfte mehr Verantwortung delegieren, weil sie sicher sind, dass die Teammitglieder ihre Aufgaben zuverlässig erledigen.

- **Erhöhte Eigenverantwortung**: Vertrauen stärkt das Gefühl der Eigenverantwortung bei den Teammitgliedern. Sie fühlen sich mehr in der Pflicht, ihre Aufgaben gewissenhaft und fristgerecht zu erledigen.

Förderung von Kreativität und Innovation

In einem vertrauensvollen Umfeld können Kreativität und Innovation gedeihen. Teammitglieder fühlen sich sicher genug, um neue Ideen zu entwickeln und auszuprobieren, ohne Angst vor Kritik oder Misserfolg.

- **Sicherer Raum für Ideen**: Vertrauen schafft einen sicheren Raum, in dem Teammitglieder ihre kreativen Ideen teilen und weiterentwickeln können.

- **Fehlertoleranz und Lernkultur**: In einem vertrauensvollen Team werden Fehler als Lernchancen gesehen und nicht als Versagen. Dies ermutigt Teammitglieder, Risiken einzugehen und aus ihren Erfahrungen zu lernen.

Bindung und Zufriedenheit der Mitarbeiter

Vertrauen trägt maßgeblich zur Bindung **und** Zufriedenheit der Mitarbeiter bei. Zufriedene Mitarbeiter sind weniger geneigt, das Unternehmen zu verlassen, und tragen zu einer stabilen und produktiven Arbeitsumgebung bei.

- **Geringere Fluktuation**: In einem vertrauensvollen Umfeld fühlen sich Mitarbeiter wertgeschätzt und unterstützt, was ihre Loyalität zum Unternehmen stärkt.

- **Höhere Zufriedenheit**: Vertrauen führt zu einer höheren Arbeitszufriedenheit, da Mitarbeiter sich sicher, respektiert und anerkannt fühlen.

Aufbau von Beziehungen und Teamkohäsion

Vertrauen ist die Grundlage für starke **Beziehungen** und **Teamkohäsion**. Es hilft, ein Gefühl der Zugehörigkeit und Gemeinschaft zu schaffen, das für die langfristige Zusammenarbeit unerlässlich ist.

- **Starke Bindungen**: Vertrauen fördert die Entwicklung starker zwischenmenschlicher Bindungen, die das Team enger zusammenschweißen.

- **Gemeinsame Ziele und Werte**: Vertrauen hilft, gemeinsame Ziele und Werte zu fördern, was die Zusammenarbeit und das Engagement im Team stärkt.

Überblick über die Herausforderungen und Chancen virtueller Zusammenarbeit.

Die virtuelle Zusammenarbeit bietet sowohl einzigartige Herausforderungen als auch spannende Chancen. Während die physische Distanz und die Abhängigkeit von Technologien einige Schwierigkeiten mit sich bringen, eröffnen sich gleichzeitig zahlreiche Möglichkeiten, die

Flexibilität, Produktivität und globale Reichweite zu erhöhen. In diesem Abschnitt beleuchten wir die wichtigsten Herausforderungen und Chancen der virtuellen Zusammenarbeit, um ein umfassendes Verständnis für diese moderne Arbeitsform zu schaffen.

Herausforderungen der virtuellen Zusammenarbeit

Die Zusammenarbeit in virtuellen Teams bringt spezifische Herausforderungen mit sich, die in traditionellen, physischen Arbeitsumgebungen oft weniger stark ausgeprägt sind. Diese Herausforderungen betreffen vor allem die Kommunikation, den Vertrauensaufbau, kulturelle Unterschiede und die technologische Abhängigkeit. Im Folgenden werden die Hauptprobleme der virtuellen Zusammenarbeit detailliert erläutert.

Kommunikationsbarrieren

Eine der größten Herausforderungen in virtuellen Teams sind Kommunikationsbarrieren. Die fehlende physische Präsenz kann zu Missverständnissen und Informationsverlusten führen. In virtuellen Umgebungen fehlen oft die non-verbalen Hinweise, wie Mimik und Gestik, die in der Face-to-Face-Kommunikation eine wichtige Rolle spielen. Ein humorvoll gemeinter Kommentar kann ohne die unterstützende Körpersprache leicht missverstanden werden und zu Verwirrung oder sogar Konflikten führen. Zudem können Zeitverzögerungen und technische Probleme die Kommunikation erschweren, wie beispielsweise schlechte Internetverbindungen oder Softwareprobleme, die Meetings unterbrechen und die Effektivität der Kommunikation verringern.

Vertrauensaufbau

Der Vertrauensaufbau in virtuellen Teams ist eine besondere Herausforderung, da die üblichen Mechanismen der Vertrauensbildung, wie persönliche Interaktionen und gemeinsame Aktivitäten, eingeschränkt sind. Ohne regelmäßige persönliche Treffen fällt es schwerer, eine emotionale Bindung und Vertrauen aufzubauen. Teammitglieder, die sich nie persönlich getroffen haben, könnten länger brauchen, um ein starkes Vertrauensverhältnis zu entwickeln. Zudem kann die fehlende physische Präsenz zu Unsicherheit und Misstrauen führen, insbesondere wenn Teammitglieder sich nur über digitale Kanäle austauschen. Ein Teammitglied könnte skeptisch sein, ob ein Kollege seine Aufgaben wirklich erfüllt, wenn keine direkte Überwachung möglich ist.

Kulturelle Unterschiede

In global verteilten Teams können kulturelle Unterschiede zu Missverständnissen und Konflikten führen, wenn sie nicht bewusst und sensibel behandelt werden. Kulturelle Unterschiede können sich in den Kommunikationsstilen widerspiegeln, was zu Missverständnissen führen kann. Während in einigen Kulturen direkte Kommunikation geschätzt wird, kann sie in anderen als unhöflich empfunden werden. Unterschiedliche Arbeitsgewohnheiten und -einstellungen können die Zusammenarbeit ebenfalls erschweren. In einigen Kulturen ist es üblich, länger zu arbeiten, während in anderen pünktlicher Feierabend gemacht wird, was zu Spannungen führen kann.

Technologische Abhängigkeit

Virtuelle Teams sind stark von technologischen Lösungen abhängig, was zusätzliche Herausforderungen mit sich bringt. Technische Schwierigkeiten, wie Serverausfälle oder Softwareprobleme, können die Zusammenarbeit erheblich beeinträchtigen. Zudem kann die Vielzahl an verfügbaren Tools überwältigend sein und erfordert Schulung und Anpassung. Teammitglieder müssen verschiedene Plattformen beherrschen, was zu einer steilen Lernkurve führen kann.

Chancen der virtuellen Zusammenarbeit

Trotz der Herausforderungen eröffnet die virtuelle Zusammenarbeit zahlreiche Chancen, die in traditionellen Arbeitsumgebungen oft schwerer zu realisieren sind. Diese Chancen betreffen vor allem die Flexibilität der Arbeit, den Zugang zu globalen Talenten, Kostenreduktion und Nachhaltigkeit. Im Folgenden werden die wichtigsten Vorteile der virtuellen Zusammenarbeit ausführlich beschrieben.

Flexibilität und Work-Life-Balance

Eine der größten Chancen der virtuellen Zusammenarbeit ist die Flexibilität, die sie bietet. Dies kann zu einer verbesserten Work-Life-Balance und höherer Mitarbeiterzufriedenheit führen. Virtuelle Teams ermöglichen es den Mitarbeitern, ihre Arbeitszeiten flexibel zu gestalten und so besser auf persönliche Bedürfnisse und Verpflichtungen einzugehen. Ein Mitarbeiter kann seine Arbeitszeit anpassen, um Zeit für Familienverpflichtungen oder persönliche Interessen zu haben. Zudem kann die Möglichkeit, von überall aus zu arbeiten, die Lebensqualität der Mitarbeiter erheblich verbessern, da sie beispielsweise von einem anderen Standort oder sogar einem anderen Land aus arbeiten können, ohne pendeln zu müssen.

Zugang zu globalen Talenten

Virtuelle Teams bieten die Möglichkeit, auf ein globales Talentpool zuzugreifen, was die Vielfalt und Kreativität im Team erhöhen kann. Unternehmen sind nicht mehr auf lokale Talente beschränkt und können die besten Fachkräfte weltweit einstellen. Ein Unternehmen kann einen Experten aus einem anderen Land einstellen, der perfekt für eine spezielle Aufgabe geeignet ist. Die Zusammenarbeit in multikulturellen Teams kann zu neuen Perspektiven und innovativen Lösungsansätzen führen. Verschiedene kulturelle Hintergründe bringen unterschiedliche Sichtweisen und kreative Ideen ein, die die Teamarbeit bereichern.

Kostenreduktion

Virtuelle Zusammenarbeit kann zu erheblichen Kosteneinsparungen für Unternehmen führen, da Ausgaben für Büros und Geschäftsreisen reduziert werden können. Unternehmen können Kosten für Büroräume, Versorgungsleistungen und Ausstattung reduzieren. Durch die Reduktion der Büroflächen können Miet- und Betriebskosten eingespart werden. Zudem reduzieren virtuelle Meetings die Notwendigkeit für Geschäftsreisen, was Zeit und Geld spart. Ein internationales Meeting kann online abgehalten werden, wodurch Flug- und Hotelkosten entfallen.

Nachhaltigkeit

Die Reduktion von Geschäftsreisen und Pendeln durch virtuelle Zusammenarbeit trägt zur Nachhaltigkeit und zum Umweltschutz bei. Weniger Geschäftsreisen und Pendeln bedeuten geringere CO_2-Emissionen. Ein Unternehmen, das virtuelle Meetings fördert, kann seinen ökologischen Fußabdruck erheblich reduzieren. Virtuelle Teams unterstützen nachhaltige Arbeitsmodelle, die langfristig umweltfreundlicher sind. Home-Office-Arbeitsplätze reduzieren den Energieverbrauch und die Umweltbelastung durch Bürogebäude.

Ziele des Buchs

Dieses Buch widmet sich der psychologischen Vertrauensbildung in virtuellen Teams und bietet eine umfassende, praxisorientierte Anleitung für Führungskräfte, Teammitglieder und HR-Professionals. Das Ziel dieses Buchs ist es, die Leser über die Bedeutung von Vertrauen in virtuellen Teams aufzuklären, die Herausforderungen und Chancen der virtuellen Zusammenarbeit zu beleuchten und praktische Strategien zur Vertrauensbildung bereitzustellen.

Verständnis der Bedeutung von Vertrauen in virtuellen Teams

Eines der Hauptziele dieses Buchs ist es, ein tiefes Verständnis dafür zu vermitteln, warum Vertrauen in virtuellen Teams so wichtig ist. Vertrauen bildet die Grundlage für erfolgreiche Zusammenarbeit und Kommunikation und beeinflusst die Produktivität, Zufriedenheit und Innovationskraft eines

Teams. Durch die Erörterung der Relevanz von Vertrauen in der modernen Arbeitswelt sollen die Leser die zentrale Rolle dieses Aspekts erkennen und schätzen lernen.

Identifizierung und Bewältigung der Herausforderungen virtueller Zusammenarbeit

Virtuelle Teams stehen vor spezifischen Herausforderungen, die in traditionellen Arbeitsumgebungen weniger stark ausgeprägt sind. Dieses Buch zielt darauf ab, die wichtigsten Herausforderungen der virtuellen Zusammenarbeit zu identifizieren und praxisnahe Lösungsansätze zur Bewältigung dieser Herausforderungen anzubieten. Dazu gehören Kommunikationsbarrieren, der Vertrauensaufbau, kulturelle Unterschiede und technologische Abhängigkeiten.

Aufzeigen der Chancen und Vorteile virtueller Zusammenarbeit

Neben den Herausforderungen bietet die virtuelle Zusammenarbeit auch zahlreiche Chancen und Vorteile. Dieses Buch soll die Leser über die positiven Aspekte der virtuellen Zusammenarbeit informieren, wie Flexibilität, Zugang zu globalen Talenten, Kostenreduktion und Nachhaltigkeit. Ziel ist es, die Leser zu ermutigen, diese Chancen zu nutzen und die Vorteile in ihrer eigenen Arbeitsumgebung zu realisieren.

Vermittlung praktischer Strategien zur Vertrauensbildung

Ein zentrales Ziel dieses Buchs ist es, konkrete und umsetzbare Strategien zur Vertrauensbildung in virtuellen Teams bereitzustellen. Die Leser sollen lernen, wie sie durch gezielte Maßnahmen Vertrauen aufbauen und stärken können. Dazu gehören Kommunikationsstrategien, Team-Building-Aktivitäten, Führungsmethoden und kulturelle Sensibilität.

Bereitstellung von Best Practices und Fallstudien

Durch die Darstellung von Best Practices und Fallstudien aus der Praxis soll dieses Buch den Lesern wertvolle Einblicke in erfolgreiche Ansätze zur Vertrauensbildung in virtuellen Teams geben. Diese Beispiele sollen als Inspiration dienen und praktische Hinweise liefern, wie die vorgestellten Konzepte in der eigenen Arbeitsumgebung umgesetzt werden können.

Struktur des Buchs

Das Buch ist in sieben Hauptkapitel unterteilt, die jeweils verschiedene Aspekte der Vertrauensbildung in virtuellen Teams abdecken. Jedes Kapitel baut auf dem vorherigen auf und führt den Leser schrittweise durch die wichtigsten Themen.

Kapitel 1: Grundlagen der Vertrauensbildung

Dieses Kapitel definiert Vertrauen und erklärt seine verschiedenen Dimensionen. Es beschreibt, warum Vertrauen in Teams wichtig ist und welche positiven Auswirkungen es auf die Teamarbeit hat.

Kapitel 2: Virtuelle Teams – Ein Überblick

In diesem Kapitel werden virtuelle Teams definiert und ihre verschiedenen Arten vorgestellt. Es wird erläutert, welche Vorteile und Herausforderungen die virtuelle Arbeit mit sich bringt und welche Technologien für die Zusammenarbeit genutzt werden können.

Kapitel 3: Psychologische Aspekte der Vertrauensbildung

Hier werden die psychologischen Theorien und Faktoren, die Vertrauen beeinflussen, erläutert. Das Kapitel bietet einen Überblick über die Besonderheiten der Vertrauensbildung in virtuellen Teams und beschreibt praktische Strategien zur Überwindung von Distanz und Anonymität.

Kapitel 4: Kommunikation und Vertrauen

Dieses Kapitel widmet sich der Rolle der Kommunikation bei der Vertrauensbildung. Es werden wichtige Kommunikationsprinzipien und -techniken vorgestellt und erläutert, wie effektive Kommunikationskanäle genutzt werden können, um Vertrauen zu fördern.

Kapitel 5: Praktische Ansätze zur Vertrauensbildung

Hier werden konkrete Ansätze zur Vertrauensbildung vorgestellt. Dazu gehören Team-Building-Aktivitäten, Führungsstrategien und Maßnahmen zur Förderung kultureller Sensibilität und Diversität.

Kapitel 6: Fallstudien und Best Practices

Dieses Kapitel bietet erfolgreiche Beispiele aus der Praxis. Fallstudien von Unternehmen und Teams, die Vertrauen in virtuellen Umgebungen aufgebaut haben, werden vorgestellt und analysiert. Zudem werden Best Practices und Empfehlungen für die praktische Umsetzung zusammengefasst.

Kapitel 7: Evaluierung und Weiterentwicklung

Das letzte Kapitel erläutert Methoden zur Messung von Vertrauen in virtuellen Teams und bietet Strategien zur kontinuierlichen Verbesserung. Es wird beschrieben, wie regelmäßige Evaluierungen und Feedbackmechanismen eingesetzt werden können, um Vertrauen langfristig zu erhalten und zu stärken.

Zielgruppe - Wer sollte dieses Buch lesen?

Die Vertrauensbildung in virtuellen Teams ist ein Thema, das viele verschiedene Berufsgruppen und Fachleute betrifft. Dieses Buch richtet sich an alle, die in virtuellen oder verteilten Teams arbeiten oder diese leiten. Es soll ihnen helfen, die Dynamiken und Herausforderungen besser zu verstehen und effektive Strategien zur Vertrauensbildung zu entwickeln. Durch praxisnahe Tipps und Best Practices bietet dieses Buch wertvolle Einblicke und Werkzeuge, die für verschiedene Rollen innerhalb eines Unternehmens nützlich sind. Es bietet spezifische Erkenntnisse und Vorteile für Führungskräfte, HR-Professionals, Teammitglieder sowie Berater und Trainer. Im Folgenden wird detailliert erläutert, wer dieses Buch lesen sollte und welchen Nutzen sie daraus ziehen können.

Führungskräfte und Teamleiter

Führungskräfte und Teamleiter spielen eine zentrale Rolle bei der Gestaltung und dem Erfolg von virtuellen Teams. Sie sind dafür verantwortlich, eine vertrauensvolle Arbeitsumgebung zu schaffen und die Zusammenarbeit zu fördern. Dieses Buch bietet ihnen praktische Strategien und Techniken, um Kommunikationsbarrieren zu überwinden, kulturelle Unterschiede zu managen und ein starkes, kohäsives Team zu entwickeln. Beispielsweise kann ein Teamleiter eines globalen Projektteams lernen, wie regelmäßige virtuelle Meetings und transparente Kommunikation dazu beitragen, Vertrauen und Teamzusammenhalt zu stärken.

Nutzen für Führungskräfte und Teamleiter:

- **Vertrauensbildung**: Erlernen von Techniken zur Schaffung und Erhaltung eines vertrauensvollen Arbeitsumfelds.

- **Kommunikation**: Strategien zur Verbesserung der Kommunikation in virtuellen Teams.

- **Teamzusammenhalt**: Methoden zur Förderung von Teamkohäsion und Zusammenarbeit.

HR-Professionals und Organisationsentwickler

HR-Professionals und Organisationsentwickler sind oft dafür verantwortlich, die Strukturen und Prozesse zu gestalten, die die Arbeit in virtuellen Teams unterstützen. Sie entwickeln Schulungsprogramme und Implementierungsstrategien für neue Arbeitsmodelle. Dieses Buch hilft HR-Professionals dabei, effektive Schulungsprogramme und Richtlinien zu entwickeln, die auf die Bedürfnisse virtueller Teams zugeschnitten sind. Sie erfahren, wie sie die Vertrauenskultur in der Organisation fördern können und welche Tools und Technologien dafür geeignet sind. Ein HR-Manager kann aus den Best Practices dieses Buchs lernen, wie man neue Mitarbeiter in virtuelle Teams integriert und eine einheitliche Vertrauenskultur fördert.

Nutzen für HR-Professionals und Organisationsentwickler:

- **Schulungsprogramme**: Entwicklung von Schulungen für virtuelle Teamarbeit.

- **Richtlinien**: Erstellung von Richtlinien zur Förderung einer Vertrauenskultur.

- **Integration**: Strategien zur erfolgreichen Integration neuer Mitarbeiter in virtuelle Teams.

Teammitglieder in virtuellen Teams

Teammitglieder, die in virtuellen oder verteilten Teams arbeiten, müssen verstehen, wie sie selbst zur Vertrauensbildung beitragen können. Ihre individuelle Kommunikation und Zusammenarbeit sind entscheidend für den Erfolg des Teams. Dieses Buch zeigt Teammitgliedern, wie sie durch ihr Verhalten und ihre Kommunikationsweise das Vertrauen ihrer Kollegen gewinnen und stärken können. Sie lernen, wie sie effektiv in einer virtuellen Umgebung arbeiten und welche Rolle sie bei der Überwindung von Kommunikationsbarrieren und kulturellen Unterschieden spielen. Ein Teammitglied, das häufig in Projekten mit Kollegen aus verschiedenen Zeitzonen arbeitet, kann Strategien zur Verbesserung der asynchronen Kommunikation und zur Förderung des Teamzusammenhalts entwickeln.

Nutzen für Teammitglieder:

- **Vertrauensbildung**: Erlernen von Methoden zur Stärkung des Vertrauens im Team.

- **Effektive Zusammenarbeit**: Strategien zur Verbesserung der virtuellen Zusammenarbeit.

- **Kommunikationsfähigkeiten**: Entwicklung von Kommunikationsfähigkeiten zur Überwindung von Barrieren.

Berater und Trainer

Berater und Trainer, die Organisationen bei der Implementierung und Optimierung virtueller Teams unterstützen, können von den Inhalten dieses Buchs profitieren. Sie benötigen umfassendes Wissen und praktische Ansätze, um ihre Klienten erfolgreich zu beraten. Dieses Buch bietet Beratern und Trainern wertvolle Einblicke in die Dynamiken virtueller Teams und zeigt bewährte Methoden zur Vertrauensbildung auf. Sie können diese Erkenntnisse nutzen, um maßgeschneiderte Lösungen für ihre Klienten zu entwickeln. Ein Unternehmensberater, der ein multinationales Unternehmen bei der Umstellung auf Remote-Arbeit unterstützt, kann aus den Fallstudien und Best Practices dieses Buchs hilfreiche Empfehlungen ableiten.

Nutzen für Berater und Trainer:

- **Beratungskompetenz**: Vertiefung des Wissens über virtuelle Teamarbeit und Vertrauensbildung.

- **Best Practices**: Zugriff auf bewährte Methoden und Fallstudien.

- **Lösungsentwicklung**: Entwicklung maßgeschneiderter Lösungen für Klienten.

KAPITEL 1
GRUNDLAGEN DER
VERTRAUENSBILDUNG

Vertrauen ist ein zentraler Aspekt menschlicher Interaktionen und bildet die Grundlage für erfolgreiche Zusammenarbeit, sei es im persönlichen oder beruflichen Umfeld. In virtuellen Teams, wo die Mitglieder oft geografisch verteilt und auf digitale Kommunikationsmittel angewiesen sind, spielt Vertrauen eine noch bedeutendere Rolle. Ohne das Fundament des Vertrauens können virtuelle Teams schnell mit Herausforderungen wie Missverständnissen, ineffizienter Kommunikation und mangelnder Zusammenarbeit konfrontiert werden.

In diesem ersten Kapitel werden wir die Grundlagen der Vertrauensbildung eingehend untersuchen. Wir beginnen mit einer klaren Definition von Vertrauen und erörtern seine verschiedenen Dimensionen. Dabei werden wir die kognitiven, affektiven und verhaltensbezogenen Aspekte des Vertrauens betrachten und erläutern, wie diese in verschiedenen Kontexten wirken. Das Verständnis dieser Grundlagen ist entscheidend, um die Mechanismen der Vertrauensbildung in virtuellen Teams zu verstehen und gezielt darauf aufbauen zu können.

Vertrauen in Teams ist unerlässlich für die Schaffung einer kooperativen und produktiven Arbeitsumgebung. Es beeinflusst maßgeblich die Teamdynamik, die Kommunikation und die allgemeine Teamleistung. Ein hohes Maß an Vertrauen ermöglicht es den Teammitgliedern, offen und ehrlich miteinander zu kommunizieren, Risiken einzugehen und sich auf die Fähigkeiten und Absichten ihrer Kollegen zu verlassen. Dies ist besonders wichtig in virtuellen Teams, wo die physische Distanz die Möglichkeiten für direkte Interaktionen einschränkt.

Ein weiterer wichtiger Aspekt, den wir in diesem Kapitel behandeln, ist der Unterschied zwischen Vertrauen in traditionellen, physischen Teams und in virtuellen Teams. Die Dynamiken und Herausforderungen der Vertrauensbildung variieren erheblich je nach Kontext und Arbeitsumgebung. Während in physischen Teams direkte Interaktionen und nonverbale Kommunikationssignale eine zentrale Rolle spielen, müssen virtuelle Teams auf digitale Kommunikationsmittel und klare, transparente Prozesse setzen, um Vertrauen aufzubauen.

Zudem werden wir die Rolle der Führungskräfte und Teammitglieder bei der Vertrauensbildung beleuchten. Führungskräfte müssen gezielte Strategien entwickeln, um Vertrauen zu fördern und zu erhalten, während Teammitglieder aktiv dazu beitragen müssen, indem sie Zuverlässigkeit, Ehrlichkeit und Offenheit in ihrer täglichen Arbeit zeigen. Beide Gruppen tragen gemeinsam die Verantwortung dafür, ein Umfeld zu schaffen, in dem Vertrauen gedeihen kann.

Abschließend werden wir in diesem Kapitel die positiven Auswirkungen von Vertrauen auf die Teamarbeit und die Organisation als Ganzes hervorheben. Studien und Praxisbeispiele zeigen, dass vertrauensvolle Teams effizienter arbeiten, innovativer sind und eine höhere Mitarbeiterzufriedenheit aufweisen. Vertrauen reduziert die Notwendigkeit für aufwendige Kontrollmechanismen und ermöglicht es den Teammitgliedern, sich auf ihre Kernaufgaben zu konzentrieren und ihr volles Potenzial auszuschöpfen.

Dieses Kapitel legt den Grundstein für das Verständnis der komplexen Dynamiken der Vertrauensbildung und bereitet den Weg für die praktischen Strategien und Ansätze, die in den folgenden Kapiteln vorgestellt werden. Durch ein tiefgehendes Verständnis der Grundlagen können Sie die spezifischen Herausforderungen und Chancen der Vertrauensbildung in virtuellen Teams besser erkennen und effektiv darauf reagieren.

Was ist Vertrauen?

Vertrauen ist ein zentraler Bestandteil zwischenmenschlicher Beziehungen und eine wesentliche Grundlage für die Zusammenarbeit in Teams. In der Arbeitswelt, insbesondere in virtuellen Teams, ist Vertrauen von entscheidender Bedeutung, da es die Basis für effektive Kommunikation, Zusammenarbeit und Produktivität bildet. Doch was genau verstehen wir unter Vertrauen, und wie können wir es in einem beruflichen Kontext definieren und messen?

In diesem Abschnitt werden wir das Konzept des Vertrauens eingehend untersuchen. Zunächst werden wir eine klare Definition von Vertrauen geben, die sowohl die allgemeinen als auch die spezifischen Aspekte des Vertrauens im beruflichen Umfeld umfasst. Anschließend betrachten wir die verschiedenen Dimensionen des Vertrauens, um ein umfassendes Verständnis dafür zu entwickeln, wie Vertrauen entsteht und wie es aufrechterhalten werden kann.

Eine präzise Definition und das Verständnis der verschiedenen Dimensionen von Vertrauen sind entscheidend, um gezielte Maßnahmen zur Vertrauensbildung in Teams, insbesondere in virtuellen Teams, zu entwickeln. Nur durch ein tiefgehendes Verständnis können Führungskräfte und Teammitglieder die notwendigen Schritte unternehmen, um ein starkes Vertrauensfundament zu schaffen und so die Grundlage für eine erfolgreiche Zusammenarbeit zu legen.

Im Folgenden werden wir zunächst eine Definition von Vertrauen geben und dann die kognitiven, affektiven und verhaltensbezogenen Dimensionen von Vertrauen detailliert erläutern.

Definition von Vertrauen in einfachen Worten

Vertrauen lässt sich allgemein als die Erwartung definieren, dass andere Personen oder Systeme zuverlässig, ehrlich und wohlwollend sind. Es handelt sich um die Zuversicht, dass die Handlungen oder Aussagen eines anderen korrekt und gut gemeint sind. Diese Erwartung basiert oft auf früheren Erfahrungen, gemeinsamen Werten oder einfach auf dem Glauben an die Integrität und Fähigkeiten der anderen Person oder des Systems.

In einfachen Worten bedeutet Vertrauen, dass man sich auf jemanden oder etwas verlassen kann, weil man glaubt, dass er oder es das Richtige tun wird. Es ist die Überzeugung, dass jemand in der Lage ist, eine Aufgabe zu erfüllen, und dass er dies auch ehrlich und verantwortungsvoll tun wird. Vertrauen ist somit ein entscheidender Faktor, der Unsicherheiten reduziert und es ermöglicht, Risiken einzugehen, sei es im persönlichen Leben oder im beruflichen Umfeld.

Vertrauen entsteht nicht über Nacht; es entwickelt sich über Zeit durch wiederholte positive Erfahrungen und Interaktionen. In Teams zeigt sich Vertrauen, wenn Mitglieder offen kommunizieren, ihre Gedanken und Bedenken teilen und sich gegenseitig unterstützen. Dieses gegenseitige Vertrauen ist besonders wichtig in virtuellen Teams, wo direkte persönliche Interaktionen oft fehlen und die Kommunikation über digitale Kanäle erfolgt.

Ohne Vertrauen wird die Zusammenarbeit ineffizient, da Misstrauen und Unsicherheit zu Kommunikationsproblemen, Missverständnissen und letztlich zu Konflikten führen können. Daher ist es entscheidend, in jeder Teamstruktur, insbesondere in virtuellen Teams, aktiv Vertrauen aufzubauen und zu pflegen, um eine produktive und harmonische Arbeitsumgebung zu schaffen.

In den folgenden Abschnitten werden wir die verschiedenen Dimensionen des Vertrauens detailliert betrachten, um ein tieferes Verständnis dafür zu entwickeln, wie Vertrauen entsteht und wie es in virtuellen Teams effektiv gefördert werden kann.

Verschiedene Arten von Vertrauen

Vertrauen ist ein komplexes und vielschichtiges Konzept, das in unterschiedlichen Kontexten und Beziehungen eine zentrale Rolle spielt. In Teams, insbesondere in virtuellen Teams, ist es wichtig, die verschiedenen Arten von Vertrauen zu verstehen, um gezielt daran arbeiten zu können. Vertrauen kann in mehrere Dimensionen unterteilt werden, die jeweils verschiedene Aspekte der Vertrauensbildung beleuchten: die kognitive Dimension, die affektive Dimension und die Verhaltensdimension. Jede dieser Dimensionen trägt auf ihre Weise zur Gesamtwahrnehmung und zum Aufbau von Vertrauen bei.

Kognitive Dimension

Die **kognitive Dimension** des Vertrauens basiert auf rationalen Überlegungen und Bewertungen der Vertrauenswürdigkeit einer anderen Person oder eines Systems. Es geht darum, ob jemand aufgrund von Fakten und früheren Erfahrungen als zuverlässig und kompetent eingeschätzt wird.

- **Rationale Beurteilung**: Vertrauen entsteht, wenn man aufgrund von Fakten und früheren Erfahrungen glaubt, dass jemand in der Lage und willens ist, bestimmte Aufgaben zu erfüllen. Dies kann durch konsistente Leistung, Fachwissen oder nachgewiesene Fähigkeiten belegt werden.

- **Erfahrungsbasierte Überzeugung**: Diese Dimension stützt sich auf beobachtbare Beweise und logische Schlussfolgerungen. Wenn ein Kollege beispielsweise mehrfach erfolgreich Projekte abgeschlossen hat, entwickelt man das Vertrauen, dass er auch zukünftig gute Leistungen erbringen wird.

Beispiel: Ein Teammitglied, das in der Vergangenheit zuverlässig und kompetent gearbeitet hat, wird als vertrauenswürdig angesehen.

Führungskräfte können das Vertrauen durch regelmäßige Rückmeldungen und Anerkennung der geleisteten Arbeit weiter stärken.

Affektive Dimension

Die **affektive Dimension** des Vertrauens beruht auf emotionalen Bindungen und persönlichen Beziehungen. Hier geht es weniger um rational abgewogene Urteile, sondern um die Gefühle und Bindungen, die durch gemeinsame Erfahrungen und Interaktionen entstehen.

- **Emotionale Bindung**: Vertrauen wird durch positive emotionale Erfahrungen und persönliche Beziehungen aufgebaut. Gemeinsame Erlebnisse und das Teilen von Erfolgen und Herausforderungen fördern die emotionale Bindung.

- **Gemeinsame Erlebnisse**: Diese Dimension des Vertrauens entwickelt sich durch wiederholte positive Interaktionen und das Teilen von Erfolgen und Herausforderungen, was zu einer stärkeren emotionalen Verbindung zwischen den Teammitgliedern führt.

Beispiel: Eine enge Freundschaft zwischen Teammitgliedern kann zu einem hohen Maß an Vertrauen führen. Führungskräfte können emotionale Bindungen fördern, indem sie regelmäßige Team-Building-Aktivitäten und informelle Treffen organisieren.

Verhaltensdimension

Die **Verhaltensdimension** des Vertrauens zeigt sich in konkreten Handlungen und Entscheidungen. Es geht darum, ob Menschen bereit sind, Risiken einzugehen und Kontrolle abzugeben, basierend auf ihrem Vertrauen in andere.

- **Risikobereitschaft**: Vertrauen äußert sich darin, dass man bereit ist, Risiken einzugehen und Verantwortung zu delegieren. Dies erfordert eine gewisse Unsicherheitstoleranz und das Vertrauen in die Fähigkeiten und Integrität der anderen Person.

- **Handlungsbasierte Sicherheit**: Vertrauen wird durch konsistentes und verlässliches Verhalten gestärkt. Wenn ein Teammitglied immer pünktlich liefert und offen kommuniziert, stärkt dies das Vertrauen der anderen in seine Zuverlässigkeit.

Beispiel: Ein Manager, der wichtige Aufgaben an ein Teammitglied delegiert, zeigt Vertrauen in dessen Fähigkeiten. Teammitglieder können ihr Vertrauen untereinander stärken, indem sie ihre Versprechen einhalten und konsistent handeln.

Warum ist Vertrauen in Teams wichtig?

Vertrauen ist das Fundament jeder erfolgreichen Zusammenarbeit, und das gilt besonders für Teams. In einer Arbeitsumgebung, in der Menschen zusammenarbeiten müssen, um gemeinsame Ziele zu erreichen, ist Vertrauen unerlässlich. Ohne Vertrauen können Misstrauen und Unsicherheit entstehen, was zu Kommunikationsproblemen, ineffizienter Zusammenarbeit und letztlich zu einer verminderten Leistung führt. Vertrauen schafft die Grundlage für eine offene und produktive Teamdynamik, in der Teammitglieder ihre Fähigkeiten und Kenntnisse optimal einbringen können.

Vertrauen in Teams ist nicht nur ein angenehmes Gefühl, sondern hat konkrete, messbare Auswirkungen auf die Teamarbeit und die Leistung. Es beeinflusst, wie gut die Teammitglieder miteinander kommunizieren, wie effektiv sie zusammenarbeiten und wie innovativ sie bei der Lösung von Problemen sind. Vertrauen ermöglicht es den Teammitgliedern, Risiken einzugehen, offen über Fehler zu sprechen und kreative Lösungen zu entwickeln. In virtuellen Teams, wo direkte, persönliche Interaktionen oft fehlen, ist das Vertrauen noch wichtiger, da es die Brücke zwischen den physischen Distanzen schlägt und eine kohäsive, effiziente Arbeitsumgebung schafft.

Im Folgenden werden wir die spezifischen Auswirkungen von Vertrauen auf die Teamarbeit und die Leistung untersuchen. Wir werden auch die positiven Effekte von Vertrauen auf die Kommunikation, Zusammenarbeit und Innovation innerhalb von Teams beleuchten. Diese Einblicke sollen verdeutlichen, warum Vertrauen eine zentrale Rolle in jeder Teamstruktur spielt und wie es dazu beitragen kann, die Gesamtleistung und Zufriedenheit im Team zu steigern.

Auswirkungen von Vertrauen auf Teamarbeit und Leistung.

Vertrauen in Teams ist ein entscheidender Faktor, der die Dynamik und Effizienz der Zusammenarbeit maßgeblich beeinflusst. In einem vertrauensvollen Umfeld sind Teammitglieder bereit, offen zu kommunizieren, Verantwortung zu übernehmen und sich gegenseitig zu unterstützen. Dies führt zu einer verbesserten Teamarbeit und einer höheren Gesamtleistung. In diesem Abschnitt werden wir detailliert die verschiedenen Auswirkungen von Vertrauen auf die Teamarbeit und die Leistung untersuchen.

Verbesserte Kommunikation

Eine der direktesten Auswirkungen von Vertrauen auf die Teamarbeit ist die Verbesserung der Kommunikation. In einem Umfeld, in dem Vertrauen herrscht, fühlen sich Teammitglieder sicher, ihre Gedanken, Ideen und Bedenken frei zu äußern.

Offene und ehrliche Kommunikation

Vertrauen ermöglicht es den Teammitgliedern, offen und ehrlich zu kommunizieren, ohne Angst vor negativen Konsequenzen zu haben. Dies führt zu klareren und effektiveren Gesprächen, in denen wichtige Informationen und Meinungen ausgetauscht werden. Beispielsweise teilt ein Teammitglied seine Bedenken bezüglich eines Projektrisikos, was dem Team ermöglicht, frühzeitig Gegenmaßnahmen zu ergreifen.

Reduzierte Missverständnisse

In einem vertrauensvollen Umfeld sind die Teammitglieder eher bereit, Fragen zu stellen und Klarstellungen zu suchen, was Missverständnisse minimiert und die Kommunikation insgesamt effizienter macht. Wenn ein Teammitglied eine Anweisung nicht ganz verstanden hat, fragt es nach, um sicherzustellen, dass alle auf derselben Seite sind.

Erhöhte Zusammenarbeit und Teamkohäsion

Vertrauen fördert die Zusammenarbeit und stärkt die Kohäsion im Team. Wenn Teammitglieder einander vertrauen, sind sie eher bereit, zusammenzuarbeiten und sich gegenseitig zu unterstützen.

Gemeinsame Ziele und Verantwortlichkeiten

Vertrauen führt dazu, dass Teammitglieder gemeinsame Ziele verfolgen und Verantwortung teilen, was die Zusammenarbeit intensiviert und den Zusammenhalt im Team stärkt. Ein Beispiel dafür ist ein Team, das eng zusammenarbeitet, um eine enge Deadline zu erreichen, weil alle wissen, dass sie sich aufeinander verlassen können.

Förderung von Teamgeist

Ein hohes Maß an Vertrauen schafft ein starkes Gefühl der Zugehörigkeit und des Teamgeistes. Teammitglieder fühlen sich als Teil einer Einheit, was ihre Motivation und ihr Engagement erhöht. Teammitglieder unterstützen sich gegenseitig während herausfordernder Phasen und feiern gemeinsam Erfolge, was den Teamgeist stärkt.

Höhere Leistungsbereitschaft und Produktivität

Vertrauen wirkt sich positiv auf die Leistungsbereitschaft und Produktivität der Teammitglieder aus. In einem vertrauensvollen Umfeld sind die Teammitglieder motivierter und engagierter, was zu einer höheren Produktivität führt.

Erhöhte Motivation

Vertrauen schafft ein positives Arbeitsumfeld, in dem sich die Teammitglieder wertgeschätzt und respektiert fühlen, was ihre Motivation und ihre Bereitschaft, ihr Bestes zu geben, steigert. Ein Mitarbeiter, der das Vertrauen seines Vorgesetzten genießt, zeigt mehr Einsatz und Engagement bei der Erfüllung seiner Aufgaben.

Effiziente Arbeitsabläufe

In einem vertrauensvollen Team können Aufgaben effizienter delegiert und erledigt werden, da weniger Zeit für Überwachung und Kontrolle aufgewendet werden muss. Ein Teammitglied übernimmt eigenständig eine Aufgabe, weil es weiß, dass seine Arbeit wertgeschätzt und unterstützt wird.

Förderung von Innovation und Kreativität

Vertrauen ist ein wesentlicher Faktor für Innovation und Kreativität im Team. Ein vertrauensvolles Umfeld ermutigt die Teammitglieder, neue Ideen zu entwickeln und Risiken einzugehen, ohne Angst vor negativen Konsequenzen zu haben.

Kreative Problemlösung

Vertrauen ermöglicht es den Teammitgliedern, kreative Lösungsansätze zu entwickeln und auszuprobieren, was zu innovativen Ergebnissen führen kann. Ein Team experimentiert mit einer neuen Technologie, um ein bestehendes Problem zu lösen, und entwickelt dabei eine innovative Lösung.

Fehlerkultur und Lernbereitschaft

In einem vertrauensvollen Team werden Fehler als Lernchancen gesehen und nicht als Misserfolge, was die Teammitglieder ermutigt, neue Ansätze zu testen und kontinuierlich zu lernen. Ein Teammitglied teilt offen seine Fehler und die daraus gewonnenen Erkenntnisse, was dem gesamten Team hilft, ähnliche Fehler zu vermeiden.

Positive Effekte auf Kommunikation, Zusammenarbeit und Innovation

Vertrauen in Teams bringt nicht nur eine allgemeine Verbesserung der Teamdynamik mit sich, sondern hat auch spezifische positive Effekte auf

Kommunikation, Zusammenarbeit und Innovation. Diese Bereiche sind entscheidend für den Erfolg eines Teams, insbesondere in virtuellen Umgebungen, in denen direkte, persönliche Interaktionen begrenzt sind. In diesem Abschnitt werden wir detailliert die positiven Effekte von Vertrauen auf diese drei zentralen Aspekte der Teamarbeit beleuchten.

Förderung von Offenheit und Transparenz

In einem vertrauensvollen Umfeld fühlen sich Teammitglieder sicher, ihre Meinungen, Ideen und Bedenken offen zu teilen. Dies führt zu einer Kultur der Offenheit und Transparenz, in der wichtige Informationen frei fließen und jeder Zugang zu den notwendigen Ressourcen hat, um seine Aufgaben zu erfüllen. Beispielsweise kann ein Teammitglied ohne Angst vor negativen Konsequenzen konstruktive Kritik äußern oder neue Ideen vorschlagen.

Effektiver Austausch von Informationen

Vertrauen reduziert Kommunikationshemmnisse und fördert den effektiven Austausch von Informationen. Teammitglieder sind eher bereit, relevante Informationen zeitnah und umfassend zu teilen, was die Entscheidungsfindung und Problemlösung verbessert. Ein Beispiel hierfür ist ein Team, das regelmäßig und offen über den Fortschritt von Projekten berichtet, wodurch alle Mitglieder stets auf dem neuesten Stand sind und mögliche Probleme frühzeitig erkannt werden.

Erleichterung der Teamarbeit

In einem vertrauensvollen Umfeld sind Teammitglieder eher bereit, gemeinsam an Projekten zu arbeiten, Verantwortung zu teilen und sich gegenseitig zu unterstützen. Dies erleichtert die Teamarbeit und führt zu besseren Ergebnissen. Ein Beispiel ist ein Team, das eng zusammenarbeitet, um ein komplexes Projekt fristgerecht abzuschließen, wobei jedes Mitglied seine spezifischen Stärken einbringt und die Aufgaben effizient verteilt werden.

Stärkung des Teamgeistes

Vertrauen stärkt das Gefühl der Zugehörigkeit und den Teamgeist, da sich die Mitglieder als Teil einer unterstützenden Gemeinschaft sehen. Dies erhöht die Motivation und das Engagement jedes Einzelnen. Ein Beispiel hierfür ist ein Team, das regelmäßig gemeinsame Aktivitäten plant, um die Bindung zu stärken und das Vertrauen untereinander zu fördern.

Ermutigung zur Risikobereitschaft

Vertrauen ist ein Katalysator für Innovation und Kreativität in Teams. In einem vertrauensvollen Umfeld fühlen sich Teammitglieder ermutigt, Risiken einzugehen und neue, innovative Ansätze auszuprobieren. Sie wissen, dass Fehler nicht als Misserfolge, sondern als Lernchancen gesehen werden. Ein Beispiel ist ein Team, das eine innovative Technologie einsetzt, um ein Problem zu lösen, und dabei bereit ist, mögliche Fehler zu akzeptieren und daraus zu lernen.

Schaffung einer kreativen Arbeitsatmosphäre

Vertrauen schafft eine kreative Arbeitsatmosphäre, in der neue Ideen gefördert und unterstützt werden. Teammitglieder sind motiviert, ihre kreativen Fähigkeiten einzubringen und gemeinsam an innovativen Lösungen zu arbeiten. Ein Beispiel hierfür ist ein Brainstorming-Meeting, bei dem alle Ideen willkommen sind und keine Vorschläge abgelehnt werden, was zu einer Vielzahl von kreativen Ansätzen führt.

Zusammenfassung von Kapitel 1

Kapitel 1 des Buches "Psychologische Vertrauensbildung in virtuellen Teams" legt die theoretische Basis für das Verständnis der Vertrauensbildung. Vertrauen ist ein fundamentaler Bestandteil jeder erfolgreichen Zusammenarbeit und ist besonders wichtig in virtuellen Teams, wo direkte, persönliche Interaktionen begrenzt sind.

Definition und Dimensionen von Vertrauen

Das Kapitel beginnt mit einer klaren Definition von Vertrauen und untersucht dessen verschiedene Dimensionen. Vertrauen wird als die Erwartung beschrieben, dass andere Personen oder Systeme zuverlässig, ehrlich und wohlwollend sind. Es besteht aus kognitiven, affektiven und verhaltensbezogenen Aspekten:

- **Kognitive Dimension**: Basierend auf rationalen Überlegungen und früheren Erfahrungen.

- **Affektive Dimension**: Geprägt durch emotionale Bindungen und persönliche Beziehungen.

- **Verhaltensdimension**: Manifestiert sich in konkreten Handlungen und der Bereitschaft, Risiken einzugehen.

Bedeutung von Vertrauen in Teams

Vertrauen ist unerlässlich für die Schaffung einer kooperativen und produktiven Arbeitsumgebung. Es beeinflusst die Teamdynamik, Kommunikation und allgemeine Teamleistung. Ein hohes Maß an Vertrauen ermöglicht offene und ehrliche Kommunikation, die Übernahme von Risiken und die gegenseitige Unterstützung der Teammitglieder.

Unterschiede zwischen traditionellen und virtuellen Teams

Das Kapitel beleuchtet die Unterschiede zwischen Vertrauen in traditionellen, physischen Teams und virtuellen Teams. Während in physischen Teams direkte Interaktionen und nonverbale Kommunikationssignale eine zentrale Rolle spielen, müssen virtuelle Teams auf digitale Kommunikationsmittel und klare, transparente Prozesse setzen, um Vertrauen aufzubauen.

Rolle der Führungskräfte und Teammitglieder

Die Rolle der Führungskräfte und Teammitglieder bei der Vertrauensbildung wird detailliert erläutert. Führungskräfte müssen Strategien entwickeln, um Vertrauen zu fördern und zu erhalten, während Teammitglieder Zuverlässigkeit, Ehrlichkeit und Offenheit in ihrer täglichen Arbeit zeigen müssen. Beide Gruppen tragen die Verantwortung für die Schaffung eines vertrauensvollen Umfelds.

Positive Auswirkungen von Vertrauen

Abschließend wird die positive Wirkung von Vertrauen auf die Teamarbeit und die Organisation als Ganzes hervorgehoben. Studien und Praxisbeispiele zeigen, dass vertrauensvolle Teams effizienter arbeiten, innovativer sind und eine höhere Mitarbeiterzufriedenheit aufweisen. Vertrauen reduziert die Notwendigkeit für aufwendige Kontrollmechanismen und ermöglicht es den Teammitgliedern, sich auf ihre Kernaufgaben zu konzentrieren.

Dieses Kapitel legt den Grundstein für das Verständnis der komplexen Dynamiken der Vertrauensbildung und bereitet den Weg für die praktischen Strategien und Ansätze, die in den folgenden Kapiteln vorgestellt werden.

KAPITEL 2
VIRTUELLE TEAMS – EIN ÜBERBLICK

In der modernen Arbeitswelt gewinnen virtuelle Teams zunehmend an Bedeutung. Durch die Fortschritte in der Technologie und die Globalisierung der Wirtschaft ist die Zusammenarbeit über geografische Grenzen hinweg zur Norm geworden. Virtuelle Teams ermöglichen es Unternehmen, auf ein breiteres Talentpool zuzugreifen, Flexibilität zu bieten und Kosten zu reduzieren. Gleichzeitig bringen sie jedoch auch einzigartige Herausforderungen mit sich, die es zu bewältigen gilt.

Dieses Kapitel bietet einen umfassenden Überblick über virtuelle Teams, beginnend mit einer klaren Definition und den verschiedenen Arten virtueller Teams. Wir werden untersuchen, welche Technologien und Kommunikationsmittel verwendet werden, um die Zusammenarbeit in virtuellen Teams zu unterstützen. Darüber hinaus werden die Vorteile und Herausforderungen der virtuellen Arbeit detailliert beleuchtet, um ein vollständiges Bild dieser Arbeitsform zu vermitteln.

Mit diesem Überblick möchten wir eine Grundlage schaffen, die es den Lesern ermöglicht, die Komplexität virtueller Teams zu verstehen und die notwendigen Maßnahmen zu ergreifen, um ihre Effektivität zu maximieren. Dies bildet die Basis für die nachfolgenden Kapitel, in denen wir spezifische Strategien und Techniken zur Vertrauensbildung und erfolgreichen Zusammenarbeit in virtuellen Teams vorstellen werden.

Was sind virtuelle Teams?

Virtuelle Teams sind ein zunehmend verbreitetes Phänomen in der heutigen globalisierten und digitalisierten Arbeitswelt. Sie ermöglichen es Unternehmen, geografische Grenzen zu überwinden und Talente aus der ganzen Welt zu integrieren. Aber was genau sind virtuelle Teams, und wie unterscheiden sie sich von traditionellen, physisch präsenten Teams? In diesem Abschnitt werden wir eine klare Definition von virtuellen Teams geben und die verschiedenen Arten virtueller Teams erläutern. Dieses Verständnis ist wichtig, um die besonderen Herausforderungen und Chancen, die mit der Arbeit in virtuellen Teams verbunden sind, zu erkennen und zu nutzen.

Definition und Arten von virtuellen Teams

Das Verständnis der Besonderheiten virtueller Teams ist entscheidend für ihre erfolgreiche Implementierung und Verwaltung. Führungskräfte und Teammitglieder müssen sich der potenziellen Hürden bewusst sein und gleichzeitig die Möglichkeiten erkennen, die virtuelle Teams bieten. In den folgenden Abschnitten werden wir diese Aspekte genauer betrachten und wertvolle Einblicke in die Dynamik und die besten Praktiken für die Arbeit in virtuellen Teams geben.

Definition von virtuellen Teams

Virtuelle Teams bestehen aus Mitgliedern, die geografisch verteilt sind und hauptsächlich durch digitale Kommunikationsmittel miteinander verbunden sind. Diese Teams arbeiten an gemeinsamen Projekten oder Aufgaben, obwohl ihre Mitglieder an verschiedenen Orten, oft sogar in unterschiedlichen Zeitzonen, tätig sind. Die Zusammenarbeit erfolgt in der Regel über das Internet mittels E-Mail, Videokonferenzen, Instant Messaging und kollaborativer Software.

Virtuelle Teams unterscheiden sich von traditionellen Teams vor allem durch die Abwesenheit physischer Nähe. Während in traditionellen Teams die Mitglieder regelmäßig persönlich zusammentreffen, um gemeinsam zu arbeiten und zu kommunizieren, finden Interaktionen in virtuellen Teams überwiegend online statt. Dies erfordert eine andere Herangehensweise an die Kommunikation, das Management und die Vertrauensbildung. Virtuelle Teams bieten zahlreiche Vorteile, darunter die Möglichkeit, auf ein globales Talentpool zuzugreifen, die Flexibilität der Arbeitszeiten zu erhöhen und Kosten zu sparen. Gleichzeitig stellen sie jedoch auch spezifische Herausforderungen dar, wie die Überwindung von Kommunikationsbarrieren und die Schaffung eines kohäsiven Teamgefühls trotz physischer Distanz.

Arten von virtuellen Teams

Virtuelle Teams können je nach Struktur, Dauer und Zweck in verschiedene Kategorien eingeteilt werden. Hier sind einige der häufigsten Arten von virtuellen Teams:

Projektbasierte Teams

Projektbasierte virtuelle Teams werden für die Dauer eines spezifischen Projekts gebildet. Diese Teams setzen sich häufig aus Experten verschiedener Fachbereiche zusammen, die zusammenarbeiten, um ein bestimmtes Ziel zu erreichen. Nach Abschluss des Projekts wird das Team aufgelöst. Ein Beispiel hierfür ist ein Softwareentwicklungsunternehmen, das ein Team aus Entwicklern, Designern und Marketingexperten zusammenstellt, um eine neue App zu entwickeln. Das Team arbeitet über mehrere Monate hinweg eng zusammen und löst sich auf, sobald die App erfolgreich auf den Markt gebracht wurde.

Funktionale Teams

Funktionale virtuelle Teams bestehen aus Mitgliedern derselben Abteilung oder Funktion, die regelmäßig zusammenarbeiten, um die laufenden

Aufgaben und Ziele der Abteilung zu erfüllen. Diese Teams haben oft eine längere Lebensdauer und bestehen über mehrere Projekte hinweg. Ein internationales Unternehmen kann beispielsweise ein virtuelles Vertriebsteam haben, das aus Vertriebsmitarbeitern in verschiedenen Ländern besteht. Diese Mitarbeiter arbeiten kontinuierlich zusammen, um die Vertriebsziele des Unternehmens zu erreichen und kommunizieren regelmäßig über Online-Meetings und Kollaborationstools.

Cross-funktionale Teams

Cross-funktionale virtuelle Teams setzen sich aus Mitgliedern verschiedener Abteilungen oder Funktionen zusammen, die zusammenarbeiten, um ein gemeinsames Ziel zu erreichen. Diese Teams nutzen die unterschiedlichen Perspektiven und Fachkenntnisse ihrer Mitglieder, um innovative Lösungen zu entwickeln. Ein Automobilhersteller könnte ein Team aus Ingenieuren, Marketingspezialisten und Finanzanalysten bilden, um ein neues Fahrzeugmodell zu entwickeln. Die Mitglieder bringen jeweils ihre speziellen Kenntnisse ein und arbeiten zusammen, um das Projekt zum Erfolg zu führen.

Temporäre Teams

Temporäre virtuelle Teams werden für kurzfristige Aufgaben oder Projekte gebildet und aufgelöst, sobald diese abgeschlossen sind. Diese Teams sind oft sehr flexibel und können schnell auf spezifische Bedürfnisse oder Herausforderungen reagieren. Ein Unternehmen könnte beispielsweise ein Team aus IT-Spezialisten bilden, um ein dringendes Cybersecurity-Problem zu lösen. Nachdem das Problem behoben ist, wird das Team aufgelöst.

Dauerhafte Teams

Dauerhafte virtuelle Teams bestehen langfristig und sind integraler Bestandteil der Organisationsstruktur. Diese Teams arbeiten kontinuierlich zusammen, um die langfristigen Ziele und Aufgaben der Organisation zu erfüllen. Ein globales Beratungsunternehmen könnte ein dauerhaftes virtuelles Team haben, das sich auf die Forschung und Entwicklung neuer Beratungsstrategien spezialisiert. Dieses Team arbeitet kontinuierlich zusammen, um innovative Lösungen für Kunden zu entwickeln.

Vorteile und Herausforderungen der virtuellen Arbeit

Virtuelle Arbeit hat in den letzten Jahren erheblich an Bedeutung gewonnen. Sie bietet zahlreiche Vorteile, die es Unternehmen ermöglichen, flexibler und effizienter zu arbeiten. Gleichzeitig bringt die virtuelle Arbeit aber auch spezifische Herausforderungen mit sich, die es zu bewältigen gilt. In diesem Abschnitt werden wir die wichtigsten Vorteile und Herausforderungen der virtuellen Arbeit detailliert untersuchen. Ziel ist es, ein umfassendes Verständnis für die Chancen und Hürden zu entwickeln, die mit der virtuellen Arbeit verbunden sind, und Ansätze aufzuzeigen, wie diese optimal genutzt beziehungsweise überwunden werden können.

Vorteile der virtuellen Arbeit

Virtuelle Arbeit bietet eine Vielzahl von Vorteilen, die sich sowohl für Unternehmen als auch für Mitarbeiter positiv auswirken können. Diese Vorteile können die Effizienz und Zufriedenheit steigern und gleichzeitig Kosten senken. Im Folgenden werden die wesentlichen Vorteile der virtuellen Arbeit beleuchtet.

Flexibilität und Work-Life-Balance

Virtuelle Arbeit bietet eine hohe Flexibilität, die es den Mitarbeitern ermöglicht, ihre Arbeitszeiten und -orte individuell zu gestalten. Dies kann zu einer verbesserten Work-Life-Balance führen, da die Mitarbeiter ihre beruflichen Verpflichtungen besser mit ihren persönlichen und familiären Bedürfnissen in Einklang bringen können.

- **Zeitliche Flexibilität**: Mitarbeiter können ihre Arbeitszeiten an ihre persönlichen Bedürfnisse anpassen, was besonders für

Eltern oder Menschen mit anderen Verpflichtungen von Vorteil ist. Beispielsweise kann ein Mitarbeiter seine Arbeit so planen, dass er seine Kinder zur Schule bringen und abholen kann, ohne seine Arbeitsstunden zu beeinträchtigen.

- **Geografische Unabhängigkeit**: Die Möglichkeit, von verschiedenen Orten aus zu arbeiten, erlaubt es den Mitarbeitern, ihre Arbeit auch von zu Hause oder von anderen Standorten aus zu erledigen. Ein Mitarbeiter kann während eines längeren Aufenthalts bei seiner Familie in einer anderen Stadt oder einem anderen Land weiterhin produktiv arbeiten.

Zugang zu globalen Talenten

Virtuelle Arbeit ermöglicht es Unternehmen, auf ein breiteres Talentpool zuzugreifen. Durch die Eliminierung geografischer Beschränkungen können Unternehmen die besten Fachkräfte unabhängig von deren Wohnort einstellen.

- **Diversität und Inklusion**: Ein globaler Talentpool fördert die Diversität und Inklusion innerhalb des Unternehmens, da Menschen aus verschiedenen kulturellen und geografischen Hintergründen zusammenarbeiten. Ein internationales Team kann innovative Lösungen entwickeln, indem es unterschiedliche Perspektiven und Erfahrungen integriert.

- **Spezialisierte Fachkräfte**: Unternehmen können spezifische Experten für bestimmte Projekte gewinnen, ohne dass diese umziehen müssen. Ein Unternehmen kann beispielsweise einen hochspezialisierten IT-Experten aus einem anderen Land einstellen, um ein komplexes technisches Problem zu lösen.

Kosteneinsparungen

Virtuelle Arbeit kann zu erheblichen Kosteneinsparungen für Unternehmen führen. Durch die Reduktion von Büroflächen und den damit verbundenen Betriebskosten können Unternehmen ihre Ausgaben senken.

- **Reduzierte Bürokosten**: Weniger Bedarf an physischen Büroflächen führt zu Einsparungen bei Miete, Energie und anderen Betriebskosten. Ein Unternehmen kann seine Büroräume verkleinern und dadurch signifikante Kosten einsparen.

- **Weniger Reisekosten**: Da virtuelle Meetings physische Reisen ersetzen können, reduzieren sich auch die Reisekosten. Ein Team kann regelmäßige Videokonferenzen abhalten, anstatt für Meetings zwischen verschiedenen Standorten zu reisen.

Erhöhte Produktivität

In vielen Fällen kann die virtuelle Arbeit zu einer erhöhten Produktivität führen, da Mitarbeiter in einer Umgebung arbeiten können, die für sie am besten geeignet ist.

- **Individuell optimierte Arbeitsumgebung**: Mitarbeiter können ihre Arbeitsumgebung so gestalten, dass sie ihre Produktivität maximiert. Ein Mitarbeiter kann in einem ruhigen Heimbüro arbeiten, ohne die Ablenkungen eines Großraumbüros.

- **Zeiteffizienz**: Der Wegfall von Pendelzeiten ermöglicht es den Mitarbeitern, mehr Zeit für produktive Arbeit zu nutzen. Ein Mitarbeiter kann die Zeit, die er sonst für den Arbeitsweg benötigen würde, für zusätzliche Arbeitsstunden oder persönliche Erholung nutzen.

Herausforderungen der virtuellen Arbeit

Trotz der zahlreichen Vorteile bringt die virtuelle Arbeit auch spezifische Herausforderungen mit sich, die es zu bewältigen gilt. Diese

Herausforderungen können die Effizienz und Zufriedenheit der Mitarbeiter beeinträchtigen, wenn sie nicht angemessen adressiert werden. Im Folgenden werden die Hauptprobleme der virtuellen Arbeit untersucht.

Kommunikationsbarrieren

Eine der größten Herausforderungen der virtuellen Arbeit sind die Kommunikationsbarrieren, die durch die Abwesenheit physischer Nähe entstehen.

- **Fehlende nonverbale Kommunikation**: Ohne persönliche Interaktionen fehlen wichtige nonverbale Hinweise wie Mimik und Gestik, die Missverständnisse verhindern können. Ein humorvoll gemeinter Kommentar kann ohne die unterstützende Körpersprache leicht missverstanden werden.

- **Technologische Abhängigkeit**: Die Kommunikation hängt stark von der Zuverlässigkeit der genutzten Technologien ab, was bei technischen Problemen zu Unterbrechungen führen kann. Schlechte Internetverbindungen oder Softwareprobleme können Meetings unterbrechen und die Effektivität der Kommunikation verringern.

Vertrauensaufbau

Der Aufbau und die Aufrechterhaltung von Vertrauen ist in virtuellen Teams oft schwieriger als in traditionellen, physisch präsenten Teams.

- **Fehlende persönliche Bindung**: Ohne regelmäßige persönliche Treffen fällt es schwerer, eine emotionale Bindung und Vertrauen aufzubauen. Teammitglieder, die sich nie persönlich getroffen haben, könnten länger brauchen, um ein starkes Vertrauensverhältnis zu entwickeln.

- **Unsicherheit und Misstrauen**: Die fehlende physische Präsenz kann zu Unsicherheit und Misstrauen führen, insbesondere wenn Teammitglieder sich nur über digitale Kanäle austauschen. Ein

Teammitglied könnte skeptisch sein, ob ein Kollege seine Aufgaben wirklich erfüllt, wenn keine direkte Überwachung möglich ist.

Isolation und fehlende soziale Interaktionen

Virtuelle Arbeit kann zu einem Gefühl der Isolation führen, da die informellen, sozialen Interaktionen, die in einem traditionellen Büro stattfinden, fehlen.

- **Einsamkeit und Isolation**: Mitarbeiter, die von zu Hause arbeiten, können sich isoliert und von ihren Kollegen abgeschnitten fühlen. Ein Mitarbeiter vermisst die informellen Gespräche und den sozialen Austausch mit Kollegen in der Büroküche.

- **Fehlende Teambindung**: Die fehlenden persönlichen Interaktionen können dazu führen, dass sich Teammitglieder weniger verbunden und weniger als Teil eines Teams fühlen. Ein virtuelles Team hat Schwierigkeiten, eine starke Teamkultur zu entwickeln, da die Mitglieder selten persönlich miteinander interagieren.

Herausforderungen beim Management

Die Führung und das Management von virtuellen Teams erfordern spezifische Fähigkeiten und Ansätze, die sich von denen in traditionellen Teams unterscheiden.

- **Überwachung und Kontrolle**: Es ist schwieriger, die Leistung und den Fortschritt von Teammitgliedern zu überwachen und sicherzustellen, dass alle auf dem gleichen Stand sind. Ein Manager hat Schwierigkeiten, den Arbeitsfortschritt eines Teammitglieds zu beurteilen, da keine regelmäßigen persönlichen Treffen stattfinden.

- **Motivation und Engagement**: Virtuelle Führungskräfte müssen kreative Wege finden, um die Motivation und das Engagement ihrer Teammitglieder aufrechtzuerhalten. Ein Manager organisiert regelmäßige virtuelle Teambuilding-Aktivitäten, um das Engagement der Teammitglieder zu fördern.

Technologien für virtuelle Teams

Die Technologien, die virtuelle Teams unterstützen, sind das Rückgrat der modernen, verteilten Arbeitsweise. Ohne die richtigen Tools und Plattformen wäre die effektive Zusammenarbeit über geografische Grenzen hinweg kaum möglich. In virtuellen Teams sind technologische Lösungen entscheidend, um die Kommunikation zu erleichtern, die Zusammenarbeit zu fördern und die Produktivität zu steigern. Von Videokonferenzen über Projektmanagement-Software bis hin zu Cloud-Speicherlösungen bieten diese Technologien eine Vielzahl von Funktionen, die den spezifischen Bedürfnissen virtueller Teams gerecht werden.

In diesem Abschnitt werden wir die wichtigsten Technologien für virtuelle Teams genauer betrachten. Zunächst werden wir die wesentlichen Kommunikations- und Kollaborationswerkzeuge vorstellen, die die Basis für den täglichen Austausch und die Zusammenarbeit bilden. Anschließend werden wir auf Projektmanagement- und Produktivitätstools eingehen, die dabei helfen, Aufgaben zu organisieren, Fortschritte zu überwachen und Projekte effizient zu steuern.

Ein tiefes Verständnis der verfügbaren Technologien und deren optimaler Einsatz ist entscheidend, um die Herausforderungen virtueller Arbeit zu meistern und die Vorteile voll auszuschöpfen. In den folgenden Unterpunkten werden wir diese Tools und Plattformen detailliert untersuchen, um zu zeigen, wie sie die Arbeit in virtuellen Teams unterstützen können.

Überblick über die wichtigsten Tools und Plattformen

In virtuellen Teams sind Technologien das zentrale Bindeglied, das die Zusammenarbeit über Entfernungen hinweg ermöglicht. Die richtige Auswahl und Nutzung von Tools und Plattformen kann den Unterschied zwischen einem gut funktionierenden und einem ineffizienten Team ausmachen. In diesem Abschnitt geben wir einen umfassenden Überblick über die wichtigsten Tools und Plattformen, die die Kommunikation, Zusammenarbeit und Produktivität in virtuellen Teams unterstützen. Diese Werkzeuge lassen sich in verschiedene Kategorien einteilen: Kommunikations- und Kollaborationstools, Projektmanagement- und Produktivitätstools sowie Cloud-Speicherlösungen.

Kommunikations- und Kollaborationstools

Kommunikations- und Kollaborationstools bilden das Rückgrat der virtuellen Zusammenarbeit. Sie ermöglichen es den Teammitgliedern, in Echtzeit zu kommunizieren, Ideen auszutauschen und gemeinsam an Projekten zu arbeiten, unabhängig davon, wo sie sich befinden. Diese Tools sind entscheidend für die Aufrechterhaltung einer effizienten und produktiven Teamdynamik. In diesem Abschnitt stellen wir Ihnen die wichtigsten Kommunikations- und Kollaborationstools vor, die Ihnen helfen, Ihre virtuelle Zusammenarbeit zu optimieren.

1. Videokonferenz-Tools

Videokonferenz-Tools sind essenziell für die Durchführung von Besprechungen, Schulungen und informellen Treffen in virtuellen Teams. Sie ermöglichen visuelle und auditive Kommunikation, die nonverbale Signale einbezieht und somit die Qualität der Interaktionen verbessert.

- **Zoom**: Zoom ist eines der beliebtesten Videokonferenz-Tools. Es bietet Funktionen wie Bildschirmfreigabe, Breakout-Räume und Aufzeichnungen von Meetings. Zoom ist bekannt für seine Benutzerfreundlichkeit und stabile Verbindungen, auch bei großen Teilnehmerzahlen.

- **Microsoft Teams**: Microsoft Teams integriert Videokonferenzen mit Chat- und Kollaborationsfunktionen. Es ist besonders nützlich für Teams, die bereits andere Microsoft-Produkte verwenden, da es nahtlos mit Office 365 integriert ist.

- **Google Meet**: Google Meet ist eine einfache und zuverlässige Lösung für Videokonferenzen, besonders geeignet für Teams, die Google Workspace nutzen. Es bietet Funktionen wie Echtzeit-Untertitelung und einfache Planung über Google Kalender.

2. Chat- und Instant-Messaging-Tools

Chat- und Instant-Messaging-Tools ermöglichen schnelle und unkomplizierte Kommunikation, die besonders für den täglichen Austausch und die Klärung kleinerer Fragen nützlich ist.

- **Slack**: Slack ist ein weit verbreitetes Kommunikationstool, das Kanäle für verschiedene Themen und Projekte bietet. Es ermöglicht den Austausch von Nachrichten, Dateien und die Integration zahlreicher Drittanbieter-Apps.

- **Microsoft Teams**: Neben Videokonferenzen bietet Microsoft Teams auch umfassende Chat-Funktionen, einschließlich thematischer Kanäle und Direktnachrichten. Es ermöglicht die nahtlose Integration von Office-Dokumenten und anderen Microsoft-Diensten.

- **WhatsApp und Telegram**: Für informelle Kommunikation und schnelle Abstimmungen sind auch mobile Messaging-Apps wie WhatsApp und Telegram nützlich. Sie bieten Gruppen- und Einzelchats sowie die Möglichkeit, Dateien und Medien zu teilen.

3. Kollaborationstools

Kollaborationstools ermöglichen es Teams, gemeinsam an Dokumenten, Tabellen und Präsentationen zu arbeiten. Sie bieten Funktionen wie Echtzeit-Bearbeitung, Versionskontrolle und Kommentierung.

- **Google Workspace (ehemals G Suite)**: Google Workspace bietet eine Suite von Tools wie Google Docs, Google Sheets und Google Slides, die Echtzeit-Zusammenarbeit ermöglichen. Diese Tools sind browserbasiert und somit von überall zugänglich.

- **Microsoft Office 365**: Office 365 bietet ähnliche Funktionen wie Google Workspace, jedoch mit den bekannten Microsoft-Tools wie Word, Excel und PowerPoint. Es ermöglicht die Zusammenarbeit in Echtzeit und die Integration mit anderen Microsoft-Diensten.

- **Trello**: Trello ist ein visuelles Kollaborationstool, das auf Kanban-Boards basiert. Es eignet sich hervorragend zur Verfolgung von Aufgaben und Projekten, indem es Karten und Listen verwendet, die Teammitglieder aktualisieren und kommentieren können.

Projektmanagement- und Produktivitätstools

Projektmanagement- und Produktivitätstools sind unerlässlich für die Organisation, Planung und Verfolgung von Aufgaben in virtuellen Teams. Diese Tools unterstützen Sie dabei, Projekte effizient zu verwalten, den Überblick über Aufgaben und Deadlines zu behalten und die Zusammenarbeit innerhalb des Teams zu verbessern. Sie bieten Funktionen wie Aufgabenverwaltung, Zeiterfassung und Fortschrittsberichte, die dazu beitragen, die Produktivität und Effizienz Ihres Teams zu steigern. In diesem Abschnitt geben wir Ihnen einen Überblick über die besten Projektmanagement- und Produktivitätstools, die Ihnen helfen können, Ihre Projekte erfolgreich zu steuern.

1. Projektmanagement-Tools

Projektmanagement-Tools helfen dabei, Projekte zu planen, Aufgaben zu verteilen, Fortschritte zu überwachen und Ressourcen zu verwalten.

- **Asana**: Asana ist ein leistungsstarkes Projektmanagement-Tool, das es Teams ermöglicht, Projekte und Aufgaben zu organisieren, Fristen zu setzen und Fortschritte zu verfolgen. Es bietet verschiedene Ansichten wie Listen, Boards und Kalender.

- **Jira**: Jira ist ein beliebtes Tool für agiles Projektmanagement, besonders in Software-Entwicklungsteams. Es unterstützt Scrum und Kanban und bietet umfangreiche Funktionen für die Aufgabenverfolgung und Berichterstattung.

- **Basecamp**: Basecamp bietet eine einfache und benutzerfreundliche Plattform für Projektmanagement, die Aufgabenlisten, Kalender, Dokumentenspeicherung und Teamkommunikation integriert.

2. Produktivitätstools

Produktivitätstools unterstützen die persönliche Organisation und helfen Teams, effizienter zu arbeiten.

- **Todoist**: Todoist ist ein beliebtes Aufgabenmanagement-Tool, das es Benutzern ermöglicht, Aufgaben zu erstellen, zu organisieren und Prioritäten zu setzen. Es bietet Funktionen wie wiederkehrende Aufgaben, Labels und Filter.

- **Evernote**: Evernote ist ein vielseitiges Notiz-Tool, das Benutzern ermöglicht, Notizen zu erstellen, zu organisieren und zu durchsuchen. Es unterstützt verschiedene Formate wie Text, Bilder, Audio und Anhänge.

- **Microsoft OneNote**: OneNote ist ein digitales Notizbuch, das es Benutzern ermöglicht, Notizen zu erstellen und zu organisieren. Es integriert sich nahtlos in andere Microsoft-Office-Anwendungen und unterstützt die Zusammenarbeit.

Cloud-Speicherlösungen

Cloud-Speicherlösungen sind unerlässlich für die Speicherung und den Austausch von Dateien in virtuellen Teams. Sie bieten sicheren Zugang zu Dokumenten von verschiedenen Geräten und Standorten aus.

- **Google Drive**: Google Drive bietet 15 GB kostenlosen Speicherplatz und nahtlose Integration mit Google Workspace. Es ermöglicht das Speichern, Teilen und gemeinsame Bearbeiten von Dateien in Echtzeit.

- **Dropbox**: Dropbox ist eine beliebte Cloud-Speicherlösung, die einfache Freigabe- und Synchronisierungsfunktionen bietet. Es unterstützt auch die Integration mit verschiedenen Drittanbieter-Apps.

- **Microsoft OneDrive**: OneDrive ist in Microsoft Office 365 integriert und bietet nahtlose Synchronisierung und Freigabe von Dateien. Es ist besonders nützlich für Teams, die Microsoft-Produkte verwenden.

Tipps zur Auswahl der richtigen Technologien

Die Auswahl der richtigen Technologien für Ihr Team ist entscheidend, um die Zusammenarbeit und Produktivität in virtuellen Umgebungen zu maximieren. Mit der Vielzahl an verfügbaren Tools und Plattformen kann die Entscheidung jedoch überwältigend sein. Dieser Abschnitt bietet praktische Tipps, wie Sie die besten Technologien für die Bedürfnisse Ihres Teams auswählen können. Ein sorgfältiger Auswahlprozess hilft dabei, die Effizienz zu steigern, Kommunikationsbarrieren zu überwinden und die Zufriedenheit der Teammitglieder zu erhöhen.

Bedarfsanalyse durchführen

Bevor Sie sich für eine Technologie entscheiden, ist es wichtig, eine gründliche Bedarfsanalyse durchzuführen. Verstehen Sie die spezifischen Anforderungen und Herausforderungen Ihres Teams.

- **Ermitteln Sie die Kommunikationsbedürfnisse**: Bestimmen Sie, welche Kommunikationsmethoden am häufigsten verwendet werden (z.B. Videokonferenzen, Instant Messaging, E-Mail) und welche Funktionen für Ihr Team am wichtigsten sind (z.B. Bildschirmfreigabe, Aufzeichnung von Meetings).

- **Bewerten Sie die Kollaborationsanforderungen**: Überlegen Sie, wie oft und in welchem Umfang Ihr Team gemeinsam an Dokumenten, Tabellen und Projekten arbeitet. Benötigen Sie Echtzeit-Bearbeitung, Versionskontrolle oder spezielle Kollaborationsfeatures?

- **Identifizieren Sie Projektmanagement-Bedürfnisse**: Bestimmen Sie, welche Projektmanagement-Funktionen erforderlich sind, wie Aufgabenverteilung, Fortschrittsverfolgung und Ressourcenmanagement. Überlegen Sie, ob Ihr Team agile Methoden wie Scrum oder Kanban verwendet.

Benutzerfreundlichkeit und Integration

Die Benutzerfreundlichkeit und die Integration mit vorhandenen Systemen sind entscheidende Faktoren bei der Auswahl der richtigen Technologien. Ein Tool, das intuitiv und leicht zu bedienen ist, wird schneller von den Teammitgliedern angenommen und genutzt.

- **Benutzerfreundlichkeit**: Wählen Sie Tools, die eine einfache und intuitive Benutzeroberfläche bieten. Die Lernkurve sollte möglichst gering sein, damit Ihr Team die Technologie schnell und effektiv einsetzen kann.

- **Integration mit bestehenden Systemen**: Achten Sie darauf, dass die neuen Tools gut mit den bereits verwendeten Systemen und Plattformen integriert werden können. Eine nahtlose Integration erleichtert den Informationsfluss und reduziert die Notwendigkeit, zwischen verschiedenen Anwendungen zu wechseln.

Sicherheits- und Datenschutzanforderungen

Sicherheit und Datenschutz sind besonders wichtig, wenn Sie Tools und Plattformen auswählen, die sensible Unternehmensdaten verarbeiten.

- **Datensicherheit**: Stellen Sie sicher, dass die ausgewählten Technologien robuste Sicherheitsfunktionen bieten, wie Datenverschlüsselung, sichere Authentifizierungsverfahren und regelmäßige Sicherheitsupdates.

- **Datenschutz**: Überprüfen Sie die Datenschutzrichtlinien der Anbieter, um sicherzustellen, dass Ihre Daten gemäß den geltenden Datenschutzgesetzen und -bestimmungen (z.B. DSGVO) geschützt sind.

Kosten und Budget

Die Kosten für die Einführung und Nutzung neuer Technologien sind ein wichtiger Faktor bei der Entscheidungsfindung. Berücksichtigen Sie sowohl die direkten Kosten als auch mögliche Einsparungen durch erhöhte Effizienz und Produktivität.

- **Kostenbewertung**: Vergleichen Sie die Kosten der verschiedenen Tools und Plattformen. Berücksichtigen Sie dabei Lizenzgebühren, Implementierungskosten und laufende Wartungskosten.

- **Return on Investment (ROI)**: Überlegen Sie, welche Vorteile und Einsparungen die neuen Technologien Ihrem Unternehmen bringen können. Ein höherer anfänglicher Aufwand kann sich durch langfristige Effizienzgewinne und Produktivitätssteigerungen lohnen.

Nutzerfeedback und Testphasen

Bevor Sie sich endgültig für eine Technologie entscheiden, ist es sinnvoll, Nutzerfeedback einzuholen und Testphasen durchzuführen.

- **Pilotprojekte**: Führen Sie Testphasen mit ausgewählten Tools durch, um ihre Praxistauglichkeit und Akzeptanz im Team zu überprüfen. Dies hilft, potenzielle Probleme frühzeitig zu identifizieren und Anpassungen vorzunehmen.

- **Nutzerfeedback einholen**: Bitten Sie die Teammitglieder um Feedback zu den getesteten Tools. Ihre Erfahrungen und Meinungen sind wertvoll, um eine fundierte Entscheidung zu treffen.

Anbieterbewertung und Support

Die Zuverlässigkeit des Anbieters und die Verfügbarkeit von Support sind ebenfalls wichtige Kriterien bei der Auswahl von Technologien.

- **Anbieterbewertung**: Recherchieren Sie die Anbieter und ihre Reputation auf dem Markt. Lesen Sie Kundenbewertungen und Erfahrungsberichte, um ein besseres Verständnis für die Stärken und Schwächen der verschiedenen Tools zu bekommen.

- **Kundensupport**: Achten Sie darauf, dass der Anbieter einen guten Kundensupport bietet. Schnelle und kompetente Unterstützung bei Problemen oder Fragen kann den Unterschied ausmachen und sicherstellen, dass Ihr Team die Tools effektiv nutzen kann.

Zusammenfassung von Kaptiel 2

In Kapitel 2 wird ein umfassender Überblick über virtuelle Teams gegeben, die in der modernen Arbeitswelt zunehmend an Bedeutung gewinnen. Durch technologische Fortschritte und die Globalisierung der Wirtschaft ermöglichen virtuelle Teams die Zusammenarbeit über geografische Grenzen hinweg. Dies bietet zahlreiche Vorteile, aber auch spezifische Herausforderungen.

Definition und Arten von virtuellen Teams

Virtuelle Teams bestehen aus Mitgliedern, die geografisch verteilt sind und hauptsächlich durch digitale Kommunikationsmittel verbunden sind. Diese Teams arbeiten an gemeinsamen Projekten oder Aufgaben, obwohl sie an verschiedenen Orten tätig sind. Virtuelle Teams lassen sich in verschiedene Kategorien einteilen:

- **Projektbasierte Teams**: Geformt für die Dauer eines spezifischen Projekts.

- **Funktionale Teams**: Bestehend aus Mitgliedern derselben Abteilung oder Funktion.

- **Cross-funktionale Teams**: Mitglieder verschiedener Abteilungen arbeiten gemeinsam an einem Ziel.

- **Temporäre Teams**: Kurzfristig für spezifische Aufgaben gebildet.

- **Dauerhafte Teams**: Langfristig bestehende, integrale Bestandteile der Organisation.

Vorteile der virtuellen Arbeit

Virtuelle Arbeit bietet zahlreiche Vorteile:

- **Flexibilität und Work-Life-Balance**: Individuelle Gestaltung der Arbeitszeiten und -orte.

- **Zugang zu globalen Talenten**: Ein breiteres Talentpool und Förderung von Diversität.

- **Kosteneinsparungen**: Reduzierung von Büro- und Reisekosten.

- **Erhöhte Produktivität**: Optimierte Arbeitsumgebung und Wegfall von Pendelzeiten.

Herausforderungen der virtuellen Arbeit

Gleichzeitig bringt virtuelle Arbeit auch Herausforderungen mit sich:

- **Kommunikationsbarrieren**: Fehlende nonverbale Hinweise und Abhängigkeit von Technologie.

- **Vertrauensaufbau**: Schwieriger ohne persönliche Bindung und regelmäßige Treffen.

- **Isolation und fehlende soziale Interaktionen**: Gefühl der Einsamkeit und fehlende Teambindung.

- **Management-Herausforderungen**: Schwierigkeit der Überwachung und Motivation der Teammitglieder.

Technologien für virtuelle Teams

Technologien sind das Rückgrat der virtuellen Zusammenarbeit. Sie erleichtern die Kommunikation, Zusammenarbeit und Produktivität. Die wichtigsten Kategorien von Tools und Plattformen umfassen:

- **Kommunikations- und Kollaborationstools**: Videokonferenz-Tools, Chat- und Instant-Messaging-Tools, Kollaborationstools.

- **Projektmanagement- und Produktivitätstools**: Tools zur Organisation, Planung und Verfolgung von Aufgaben.

- **Cloud-Speicherlösungen**: Sicherer Zugang zu Dokumenten von verschiedenen Geräten und Standorten aus.

Tipps zur Auswahl der richtigen Technologien

Die Auswahl der richtigen Technologien ist entscheidend für die Effektivität virtueller Teams. Wichtige Schritte beinhalten:

- **Bedarfsanalyse durchführen**: Kommunikations- und Kollaborationsbedürfnisse ermitteln.

- **Benutzerfreundlichkeit und Integration**: Intuitive Tools und nahtlose Integration mit bestehenden Systemen.

- **Sicherheits- und Datenschutzanforderungen**: Robuste Sicherheitsfunktionen und Datenschutzrichtlinien.

- **Kosten und Budget**: Kostenbewertung und Überlegung des Return on Investment.

- **Nutzerfeedback und Testphasen**: Pilotprojekte und Nutzerfeedback einholen.

- **Anbieterbewertung und Support**: Zuverlässigkeit des Anbieters und Verfügbarkeit von Support.

Kapitel 2 bietet einen umfassenden Überblick über die Struktur, die Vorteile und Herausforderungen sowie die Technologien, die virtuelle Teams unterstützen. Es bildet die Grundlage für die tiefergehende Betrachtung spezifischer Strategien und Techniken zur Vertrauensbildung und erfolgreichen Zusammenarbeit in den folgenden Kapiteln.

KAPITEL 3
PSYCHOLOGISCHE ASPEKTE DER VERTRAUENSBILDUNG

Vertrauen ist das Fundament jeder erfolgreichen Zusammenarbeit, insbesondere in virtuellen Teams, wo direkte, persönliche Interaktionen oft fehlen. Die psychologischen Aspekte der Vertrauensbildung spielen eine entscheidende Rolle dabei, wie Teammitglieder miteinander kommunizieren, zusammenarbeiten und letztlich die gemeinsamen Ziele erreichen. Dieses Kapitel widmet sich den verschiedenen psychologischen Theorien und Konzepten, die das Vertrauen in Teams beeinflussen.

Vertrauen entsteht nicht über Nacht; es ist ein komplexer Prozess, der Zeit, Konsistenz und positive Interaktionen erfordert. In virtuellen Teams, in denen die physische Distanz eine Barriere darstellen kann, ist das Verständnis der psychologischen Mechanismen hinter der Vertrauensbildung besonders wichtig. Diese Mechanismen können Führungskräften und Teammitgliedern helfen, gezielte Maßnahmen zu ergreifen, um ein starkes Vertrauensfundament zu schaffen und aufrechtzuerhalten.

In diesem Kapitel werden wir die grundlegenden psychologischen Theorien zur Vertrauensbildung erläutern und untersuchen, wie Vertrauen in verschiedenen Kontexten entsteht und sich entwickelt. Zudem werden wir praktische Strategien und Ansätze vorstellen, die darauf abzielen, Vertrauen in virtuellen Teams zu fördern. Durch ein tieferes Verständnis dieser psychologischen Aspekte können Teams effektiver zusammenarbeiten, Kommunikationsbarrieren überwinden und eine stärkere Bindung aufbauen.

Dieses Wissen ist nicht nur für Führungskräfte von Bedeutung, sondern auch für jedes einzelne Teammitglied, da Vertrauen ein wechselseitiger Prozess ist. Gemeinsam können Teams so eine produktive und harmonische Arbeitsumgebung schaffen, die auf gegenseitigem Vertrauen basiert. In den folgenden Abschnitten werden wir diese Themen detailliert behandeln und praxisnahe Lösungen aufzeigen.

Faktoren, die Vertrauen beeinflussen

Vertrauen ist ein vielschichtiges Konzept, das von einer Vielzahl von Faktoren beeinflusst wird. Diese Faktoren können auf individueller Ebene, innerhalb des Teams und durch die organisatorische Kultur wirken. Ein tiefes Verständnis dieser Einflussfaktoren ist entscheidend, um gezielt Maßnahmen zur Vertrauensbildung zu ergreifen und somit eine starke, kooperative Teamdynamik zu fördern. In virtuellen Teams, wo direkte persönliche Interaktionen oft fehlen, gewinnen diese Faktoren zusätzlich an Bedeutung.

In diesem Abschnitt werden wir die wichtigsten Faktoren untersuchen, die das Vertrauen in virtuellen Teams beeinflussen. Dabei konzentrieren wir uns zunächst auf individuelle Faktoren, die persönliche Eigenschaften und Verhaltensweisen betreffen, und anschließend auf teambezogene Faktoren, die sich auf die Dynamik und Interaktionen innerhalb des Teams beziehen. Durch die Analyse dieser beiden Perspektiven können wir ein umfassenderes Verständnis dafür entwickeln, wie Vertrauen entsteht und gestärkt werden kann.

Individuelle Faktoren umfassen Aspekte wie persönliche Integrität, Kommunikationsfähigkeit und Verlässlichkeit, die wesentlich dazu beitragen, wie vertrauenswürdig eine Person wahrgenommen wird. Teambezogene Faktoren beinhalten gemeinsame Ziele, klare Rollenverteilungen und die Qualität der Teamkommunikation, die zusammen die Basis für ein kooperatives und vertrauensvolles Arbeitsumfeld bilden. Indem wir diese Faktoren im Detail betrachten, erhalten wir wertvolle Einblicke in die Mechanismen der Vertrauensbildung und können gezielte Strategien entwickeln, um Vertrauen in virtuellen Teams zu fördern.

Persönliche Faktoren

Persönliche Faktoren spielen eine entscheidende Rolle bei der Vertrauensbildung in virtuellen Teams. Individuelle Eigenschaften und Verhaltensweisen beeinflussen maßgeblich, wie vertrauenswürdig eine Person von ihren Kollegen wahrgenommen wird. Zu den wichtigsten persönlichen Faktoren zählen Ehrlichkeit, Kompetenz und Zuverlässigkeit. Diese Merkmale sind essenziell, um eine solide Vertrauensbasis zu schaffen und aufrechtzuerhalten. In diesem Abschnitt werden wir diese drei Faktoren detailliert untersuchen und ihre Bedeutung für die Vertrauensbildung in virtuellen Teams erläutern.

Ehrlichkeit

Ehrlichkeit ist die Grundlage für jede vertrauensvolle Beziehung. In einem virtuellen Team, wo direkte persönliche Interaktionen oft fehlen, ist Ehrlichkeit besonders wichtig, da sie die Basis für transparente und offene Kommunikation bildet. Ehrlichkeit bedeutet, dass Teammitglieder ihre Gedanken, Meinungen und Informationen offen und wahrheitsgemäß teilen.

- **Wahrhaftigkeit in der Kommunikation**: Ehrliche Kommunikation schafft Vertrauen, indem sie sicherstellt, dass alle Teammitglieder Zugang zu den gleichen Informationen haben und keine wichtigen Details verschwiegen werden. Dies hilft, Missverständnisse zu vermeiden und eine klare, konsistente Kommunikationskultur zu etablieren.

- **Verantwortung übernehmen**: Ehrlichkeit zeigt sich auch darin, dass Teammitglieder ihre Fehler zugeben und Verantwortung übernehmen. Dies schafft ein Umfeld, in dem Offenheit gefördert wird und alle Mitglieder sich sicher fühlen, ihre Meinung zu äußern.

Kompetenz

Kompetenz ist ein weiterer entscheidender Faktor für die Vertrauensbildung. Teammitglieder müssen darauf vertrauen können, dass ihre Kollegen über die notwendigen Fähigkeiten und Kenntnisse verfügen, um ihre Aufgaben erfolgreich zu erfüllen. Kompetenz zeigt sich in der Qualität der Arbeit, dem Fachwissen und der Fähigkeit, Probleme effektiv zu lösen.

- **Fachliche Fähigkeiten**: Teammitglieder, die ihr Fachgebiet gut beherrschen und qualitativ hochwertige Arbeit leisten, werden als kompetent und somit vertrauenswürdig wahrgenommen. Dies gilt besonders in virtuellen Teams, wo die individuelle Leistung oft direkt zu den Projektergebnissen beiträgt.

- **Lernbereitschaft**: Kompetenz umfasst auch die Bereitschaft und Fähigkeit, sich weiterzubilden und neue Fähigkeiten zu erwerben. Teammitglieder, die kontinuierlich an ihrer eigenen Entwicklung arbeiten, signalisieren, dass sie den Anforderungen ihres Jobs gewachsen sind und bereit sind, sich neuen Herausforderungen zu stellen.

Zuverlässigkeit

Zuverlässigkeit ist unerlässlich für die Vertrauensbildung in virtuellen Teams. Teammitglieder müssen sich darauf verlassen können, dass ihre Kollegen ihre Aufgaben pünktlich und in der erwarteten Qualität erledigen. Zuverlässigkeit zeigt sich in der Einhaltung von Zusagen und Terminen sowie in der konsistenten Erfüllung von Aufgaben.

- **Pünktlichkeit und Verbindlichkeit**: Zuverlässigkeit bedeutet, dass Teammitglieder ihre Zusagen einhalten und Aufgaben termingerecht abschließen. Dies ist besonders wichtig in virtuellen Teams, wo Verzögerungen oder Nichterfüllungen erhebliche Auswirkungen auf den gesamten Projektfortschritt haben können.

- **Konsistente Leistung**: Zuverlässige Teammitglieder liefern kontinuierlich gute Arbeit und sind konsistent in ihrer Leistung. Dies schafft ein Gefühl der Sicherheit und Vorhersehbarkeit, das für den Aufbau und die Aufrechterhaltung von Vertrauen entscheidend ist.

Zwischenmenschliche Faktoren

Zwischenmenschliche Faktoren sind entscheidend für die Vertrauensbildung in virtuellen Teams. Während persönliche Eigenschaften wie Ehrlichkeit, Kompetenz und Zuverlässigkeit eine Grundlage schaffen, spielen zwischenmenschliche Interaktionen eine zentrale Rolle dabei, wie Vertrauen innerhalb eines Teams entsteht und wächst. Kommunikation und gemeinsame Erfahrungen sind zwei der wichtigsten zwischenmenschlichen Faktoren, die das Vertrauen beeinflussen. In diesem Abschnitt werden wir diese beiden Aspekte detailliert untersuchen und ihre Bedeutung für die Vertrauensbildung in virtuellen Teams erläutern.

Kommunikation

Effektive Kommunikation ist das Rückgrat jeder erfolgreichen Zusammenarbeit, insbesondere in virtuellen Teams, wo direkte persönliche Interaktionen oft fehlen. Eine klare, offene und konsistente Kommunikation fördert das Vertrauen, indem sie Missverständnisse minimiert und die Zusammenarbeit erleichtert.

- **Klarheit und Transparenz**: In virtuellen Teams ist es entscheidend, Informationen klar und transparent zu kommunizieren. Missverständnisse und Informationslücken können das Vertrauen untergraben. Regelmäßige Updates und klare Anweisungen helfen, die Erwartungen aller Teammitglieder zu steuern und sicherzustellen, dass alle auf dem gleichen Stand sind.

- **Aktives Zuhören**: Aktives Zuhören zeigt Respekt und Wertschätzung für die Meinungen und Beiträge der Teammitglieder. Es fördert eine offene Kommunikationskultur, in der sich jeder sicher fühlt, seine Gedanken und Bedenken zu äußern. Dies trägt wesentlich dazu bei, Vertrauen aufzubauen und zu erhalten.

- **Feedback-Kultur**: Eine konstruktive Feedback-Kultur ist unerlässlich für die Vertrauensbildung. Regelmäßiges, ehrliches Feedback hilft den Teammitgliedern, ihre Leistung zu verbessern und zeigt, dass ihre Arbeit und ihr Beitrag geschätzt werden. Dies stärkt das Vertrauen und fördert eine kontinuierliche Verbesserung innerhalb des Teams.

Gemeinsame Erfahrungen

Gemeinsame Erfahrungen sind ein weiterer wichtiger Faktor für die Vertrauensbildung. Sie schaffen Gelegenheiten für Teammitglieder, sich besser kennenzulernen, Bindungen zu entwickeln und Vertrauen aufzubauen. In virtuellen Teams müssen diese Erfahrungen oft bewusst gestaltet werden, da informelle Begegnungen, wie sie in physischen Büros stattfinden, fehlen.

- **Virtuelle Team-Building-Aktivitäten**: Gezielte Team-Building-Aktivitäten, wie virtuelle Spiele, gemeinsame Online-Workshops oder informelle Treffen, können helfen, Beziehungen zu stärken und Vertrauen zu fördern. Diese Aktivitäten bieten eine Plattform für informelle Interaktionen, die das Gemeinschaftsgefühl und die Bindung innerhalb des Teams erhöhen.

- **Gemeinsame Projekte und Ziele**: Das Arbeiten an gemeinsamen Projekten und Zielen schafft eine gemeinsame

Basis und fördert die Zusammenarbeit. Wenn Teammitglieder gemeinsam Herausforderungen bewältigen und Erfolge feiern, stärkt dies das Vertrauen und das Zusammengehörigkeitsgefühl. Gemeinsame Erfolge zeigen, dass das Team zusammen effektiv arbeiten kann, was das Vertrauen in die Fähigkeiten und die Zuverlässigkeit der Kollegen erhöht.

- **Erfahrungsaustausch und Lernen**: Das Teilen von Wissen und Erfahrungen innerhalb des Teams fördert das Vertrauen. Wenn Teammitglieder ihre Expertise und Lernerfahrungen teilen, entsteht ein Gefühl der gegenseitigen Unterstützung und Wertschätzung. Dies kann durch regelmäßige Wissensaustausch-Sitzungen oder Mentoring-Programme erreicht werden, die dazu beitragen, eine kollaborative und vertrauensvolle Teamkultur zu entwickeln.

Herausforderungen der Vertrauensbildung ohne physische Präsenz

In virtuellen Teams fehlt die physische Präsenz, die in traditionellen Teams oft eine wesentliche Rolle bei der Vertrauensbildung spielt. Ohne direkte persönliche Interaktionen müssen virtuelle Teams auf andere Wege zurückgreifen, um Vertrauen zu entwickeln und aufrechtzuerhalten. In diesem Abschnitt werden wir die spezifischen Besonderheiten der Vertrauensbildung in virtuellen Teams ohne physische Präsenz untersuchen. Dabei werden wir die Herausforderungen beleuchten, die durch die Distanz entstehen, und die Dynamiken, die die Vertrauensbildung in virtuellen Umgebungen beeinflussen.

Kommunikationsbarrieren und fehlende nonverbale Hinweise

Eine der größten Herausforderungen der Vertrauensbildung in virtuellen Teams ist das Fehlen von nonverbalen Hinweisen, die in persönlichen Interaktionen selbstverständlich sind. Mimik, Gestik und Körpersprache tragen wesentlich dazu bei, Vertrauen aufzubauen und Missverständnisse zu vermeiden. In virtuellen Teams, die hauptsächlich auf schriftliche und audio-visuelle Kommunikation angewiesen sind, fehlen diese wichtigen nonverbalen Signale.

Erschwerte emotionale Bindung

Nonverbale Hinweise wie ein Lächeln oder eine freundliche Gestik fördern eine emotionale Bindung zwischen den Teammitgliedern. Ohne diese Signale kann es schwieriger sein, eine persönliche Verbindung aufzubauen, was die Vertrauensbildung beeinträchtigen kann.

Missverständnisse und Unsicherheiten

Schriftliche Kommunikation kann leicht missverstanden werden, da der Tonfall und die Intention schwerer zu interpretieren sind. Dies kann zu Unsicherheiten und Misstrauen führen, wenn Nachrichten fehlinterpretiert werden.

Zeitliche und geografische Distanz

Die zeitliche und geografische Distanz zwischen den Mitgliedern virtueller Teams stellt eine weitere Besonderheit der Vertrauensbildung dar. Unterschiedliche Zeitzonen und Arbeitszeiten können die Koordination und den regelmäßigen Austausch erschweren.

- **Asynchrone Kommunikation**: In virtuellen Teams, die über verschiedene Zeitzonen verteilt sind, findet die Kommunikation oft asynchron statt. Dies bedeutet, dass Antworten und Rückmeldungen verzögert erfolgen, was die unmittelbare Klärung von Fragen und Bedenken erschwert und zu Frustration führen kann.

- **Mangelnde Verfügbarkeit und Erreichbarkeit**: Die unterschiedliche Verfügbarkeit der Teammitglieder kann dazu führen, dass wichtige Entscheidungen und Informationen nicht zeitnah ausgetauscht werden. Dies kann das Gefühl der Zusammenarbeit und des Vertrauens beeinträchtigen, da die Teammitglieder sich nicht immer auf die sofortige Unterstützung ihrer Kollegen verlassen können.

Anonymität und fehlende persönliche Beziehungen

In virtuellen Teams, besonders in großen oder neu gebildeten Teams, kann eine gewisse Anonymität herrschen. Die Teammitglieder kennen sich oft nur aus beruflichen Kontexten und haben selten Gelegenheit, persönliche Beziehungen aufzubauen.

- **Fehlendes persönliches Kennenlernen**: Ohne regelmäßige persönliche Treffen und informelle Interaktionen fehlt die Möglichkeit, die Kollegen auf einer persönlichen Ebene kennenzulernen. Dies kann dazu führen, dass die Teammitglieder weniger Vertrauen in die Absichten und Fähigkeiten ihrer Kollegen haben.

- **Geringe Sichtbarkeit der Arbeit**: In virtuellen Teams ist die individuelle Arbeit oft weniger sichtbar als in traditionellen Büros. Dies kann zu Unsicherheiten darüber führen, ob die Kollegen ihre Aufgaben tatsächlich erfüllen, was das Vertrauen beeinträchtigen kann.

Zusammenfassung von Kapitel 3

Kapitel 3 befasst sich mit den psychologischen Aspekten der Vertrauensbildung in virtuellen Teams, wo direkte persönliche Interaktionen oft fehlen. Vertrauen ist das Fundament jeder erfolgreichen Zusammenarbeit und ein komplexer Prozess, der Zeit, Konsistenz und positive Interaktionen erfordert. Das Verständnis der psychologischen Mechanismen hinter der Vertrauensbildung ist entscheidend, um in virtuellen Teams ein starkes Vertrauensfundament zu schaffen und aufrechtzuerhalten.

Faktoren, die Vertrauen beeinflussen

Vertrauen wird von einer Vielzahl von Faktoren beeinflusst, die auf individueller, teambezogener und organisatorischer Ebene wirken. Diese Faktoren sind besonders wichtig in virtuellen Teams, wo direkte persönliche Interaktionen fehlen.

Persönliche Faktoren wie Ehrlichkeit, Kompetenz und Zuverlässigkeit spielen eine entscheidende Rolle dabei, wie vertrauenswürdig eine Person von ihren Kollegen wahrgenommen wird. Ehrlichkeit schafft die Basis für transparente Kommunikation, Kompetenz zeigt sich in der Qualität der Arbeit und der Fähigkeit, Probleme zu lösen, und Zuverlässigkeit bedeutet, Zusagen und Termine einzuhalten.

Zwischenmenschliche Faktoren wie effektive Kommunikation und gemeinsame Erfahrungen sind ebenfalls entscheidend. Klarheit und Transparenz in der Kommunikation, aktives Zuhören und eine konstruktive Feedback-Kultur fördern das Vertrauen. Gemeinsame Projekte und virtuelle Team-Building-Aktivitäten helfen, Bindungen zu stärken und Vertrauen zu fördern.

Herausforderungen der Vertrauensbildung ohne physische Präsenz

Die Abwesenheit physischer Präsenz in virtuellen Teams stellt besondere Herausforderungen dar.

Kommunikationsbarrieren und fehlende nonverbale Hinweise: Nonverbale Signale wie Mimik und Gestik fehlen, was die emotionale Bindung und das Vermeiden von Missverständnissen erschwert.

Zeitliche und geografische Distanz: Unterschiedliche Zeitzonen und Arbeitszeiten können die Koordination und den regelmäßigen Austausch erschweren, was zu Frustration und einer Beeinträchtigung des Vertrauens führen kann.

Anonymität und fehlende persönliche Beziehungen: In großen oder neu gebildeten virtuellen Teams fehlt oft die Möglichkeit, persönliche Beziehungen aufzubauen, was das Vertrauen beeinträchtigen kann. Die Sichtbarkeit der individuellen Arbeit ist geringer, was zu Unsicherheiten über die Erfüllung der Aufgaben führt.

Kapitel 3 legt den Fokus darauf, die Mechanismen der Vertrauensbildung zu verstehen und die spezifischen Herausforderungen virtueller Teams zu bewältigen. Es werden praktische Strategien und Ansätze vorgestellt, um Vertrauen in virtuellen Teams zu fördern, Kommunikationsbarrieren zu überwinden und eine starke, kooperative Teamdynamik zu schaffen. Dieses Wissen ist nicht nur für Führungskräfte von Bedeutung, sondern auch für jedes einzelne Teammitglied, da Vertrauen ein wechselseitiger Prozess ist.

KAPITEL 4
KOMMUNIKATION UND
VERTRAUEN

Kommunikation ist das Herzstück jeder zwischenmenschlichen Interaktion und spielt eine entscheidende Rolle bei der Vertrauensbildung in Teams. Besonders in virtuellen Teams, wo persönliche Interaktionen selten sind, ist eine effektive Kommunikation unerlässlich, um Vertrauen aufzubauen und aufrechtzuerhalten. Dieses Kapitel untersucht die zentrale Rolle der Kommunikation bei der Vertrauensbildung und bietet Einblicke in wichtige Kommunikationsprinzipien und -techniken, die in virtuellen Umgebungen angewendet werden können.

In den folgenden Abschnitten werden wir zunächst die Rolle der Kommunikation bei der Vertrauensbildung detailliert betrachten. Wir werden untersuchen, wie durch gezielte Kommunikationsstrategien Vertrauen aufgebaut wird und welche Prinzipien und Techniken besonders wirkungsvoll sind. Anschließend werden wir darauf eingehen, wie man Missverständnisse in der virtuellen Kommunikation vermeiden kann, da Missverständnisse das Vertrauen erheblich beeinträchtigen können.

Im zweiten Teil dieses Kapitels widmen wir uns den effektiven Kommunikationskanälen. Wir vergleichen die Vor- und Nachteile von synchroner und asynchroner Kommunikation und bieten Orientierungshilfen zur optimalen Nutzung beider Formen. Schließlich betrachten wir die Nutzung von Video, Audio und Text für verschiedene Kommunikationsbedürfnisse und wie diese Medien zur Vertrauensbildung beitragen können.

Durch das Verständnis dieser Aspekte und die Anwendung der vorgestellten Techniken können Teams ihre Kommunikationsstrategien verbessern und ein starkes Vertrauensfundament schaffen.

Rolle der Kommunikation bei der Vertrauensbildung

Kommunikation ist das Herzstück jeder zwischenmenschlichen Interaktion und spielt eine entscheidende Rolle bei der Vertrauensbildung in Teams. Besonders in virtuellen Teams, wo persönliche Interaktionen selten sind, ist eine effektive Kommunikation unerlässlich, um Vertrauen aufzubauen und aufrechtzuerhalten. In diesem Abschnitt werden wir die zentrale Rolle der Kommunikation bei der Vertrauensbildung untersuchen und auf zwei wesentliche Aspekte eingehen.

Zunächst werden wir die wichtigen Kommunikationsprinzipien und -techniken betrachten, die speziell darauf abzielen, Vertrauen in virtuellen Umgebungen zu fördern. Diese Prinzipien und Techniken helfen, Missverständnisse zu vermeiden, Transparenz zu schaffen und eine offene und kooperative Teamkultur zu entwickeln. Anschließend werden wir darauf eingehen, wie man Missverständnisse in der virtuellen Kommunikation vermeiden kann. Missverständnisse sind eine häufige Ursache für Vertrauensprobleme und können durch gezielte Kommunikationsstrategien erheblich reduziert werden.

Durch das Verständnis und die Anwendung dieser Kommunikationsprinzipien und -techniken können Teams ihre Kommunikationsstrategien verbessern und ein starkes Vertrauensfundament schaffen. In den folgenden Abschnitten werden wir diese Themen detailliert behandeln und praxisnahe Lösungen aufzeigen.

Wichtige Kommunikationsprinzipien und -techniken.

Ohne die Möglichkeit regelmäßiger persönlicher Interaktionen ist es umso wichtiger, dass die Kommunikation klar, konsistent und effektiv ist. In diesem Abschnitt werden wir die wesentlichen Kommunikationsprinzipien und -techniken untersuchen, die dazu beitragen, Vertrauen in virtuellen Teams aufzubauen und zu stärken. Diese Prinzipien und Techniken sind entscheidend, um Missverständnisse zu vermeiden, Transparenz zu fördern und eine offene und kooperative Teamkultur zu entwickeln.

Prinzipien der effektiven Kommunikation

Effektive Kommunikation ist das Herzstück jedes erfolgreichen virtuellen Teams. Sie stellt sicher, dass Informationen klar, präzise und zeitnah ausgetauscht werden, wodurch Missverständnisse vermieden und das Vertrauen gestärkt werden. In diesem Abschnitt beleuchten wir die grundlegenden Prinzipien, die eine effiziente und produktive Kommunikation innerhalb virtueller Teams ermöglichen. Diese Prinzipien helfen dabei, eine offene und transparente Teamkultur zu schaffen, in der jedes Mitglied gehört und verstanden wird.

1. Klarheit und Präzision

Klare und präzise Kommunikation ist unerlässlich, um Missverständnisse zu vermeiden und sicherzustellen, dass alle Teammitglieder die gleichen Informationen erhalten.

- **Eindeutige Sprache**: Vermeiden Sie Fachjargon und komplizierte Ausdrücke, die missverstanden werden könnten. Nutzen Sie einfache und klare Sprache, um Ihre Botschaften verständlich zu machen.

- **Konkretisierung von Erwartungen**: Stellen Sie sicher, dass alle Aufgaben, Ziele und Erwartungen klar und unmissverständlich formuliert sind. Dies hilft den Teammitgliedern, ihre Rollen und Verantwortlichkeiten zu verstehen und effektiv zu erfüllen.

2. Konsistenz und Regelmäßigkeit

Regelmäßige und konsistente Kommunikation fördert die Transparenz und das Vertrauen innerhalb des Teams.

- **Regelmäßige Updates**: Planen Sie regelmäßige Meetings und Updates, um den Fortschritt zu besprechen, Probleme zu identifizieren und sicherzustellen, dass alle Teammitglieder auf dem gleichen Stand sind. Dies kann in Form von täglichen Stand-up-Meetings oder wöchentlichen Team-Updates geschehen.

- **Konsistente Kommunikationskanäle**: Nutzen Sie einheitliche Kommunikationskanäle, um Verwirrung zu vermeiden und sicherzustellen, dass wichtige Informationen nicht verloren gehen. Definieren Sie klar, welche Tools für welche Art von Kommunikation verwendet werden sollen.

3. Offenheit und Transparenz

Eine offene und transparente Kommunikation ist entscheidend, um Vertrauen aufzubauen und eine positive Teamkultur zu fördern.

- **Ehrlichkeit und Offenheit**: Teilen Sie Informationen ehrlich und offen mit dem Team. Dies umfasst sowohl positive Nachrichten als auch Herausforderungen und Probleme. Ehrlichkeit schafft Vertrauen und zeigt, dass alle Teammitglieder an einem Strang ziehen.

- **Transparente Entscheidungsprozesse**: Machen Sie Entscheidungsprozesse transparent, indem Sie erklären, wie und warum bestimmte Entscheidungen getroffen werden. Dies hilft den Teammitgliedern, die Hintergründe zu verstehen und die Entscheidungen mitzutragen.

Techniken der effektiven Kommunikation

Neben den grundlegenden Prinzipien der Kommunikation gibt es spezielle Techniken, die dazu beitragen können, die Qualität und Effektivität der Interaktionen in virtuellen Teams zu verbessern. Diese Techniken sind darauf ausgelegt, das Verständnis zu vertiefen, das Engagement zu erhöhen und kontinuierliches Feedback zu fördern. In diesem Abschnitt stellen wir Ihnen bewährte Methoden vor, die Ihnen helfen, Ihre Kommunikationsfähigkeiten zu optimieren und eine positive Teamdynamik zu fördern.

1. Aktives Zuhören

Aktives Zuhören ist eine Technik, die dazu beiträgt, das Verständnis zu verbessern und Missverständnisse zu vermeiden. Es zeigt den Teammitgliedern, dass ihre Beiträge geschätzt und ernst genommen werden.

- **Wiederholung und Paraphrasieren**: Wiederholen Sie die Aussagen der anderen Teammitglieder in eigenen Worten, um sicherzustellen, dass Sie richtig verstanden haben. Dies zeigt dem Sprecher, dass Sie aufmerksam zuhören und seine Gedanken wertschätzen.

- **Offene Fragen stellen**: Stellen Sie offene Fragen, um weitere Informationen zu erhalten und das Gespräch zu vertiefen. Offene Fragen ermutigen die Teammitglieder, ihre Gedanken ausführlicher darzulegen und Missverständnisse zu klären.

2. Feedback-Kultur etablieren

Eine offene Feedback-Kultur ist entscheidend, um kontinuierliche Verbesserung und Vertrauen im Team zu fördern.

- **Regelmäßiges Feedback geben und einholen**: Fördern Sie eine Kultur, in der regelmäßiges Feedback zur Norm wird. Geben Sie konstruktives Feedback und bitten Sie um Rückmeldungen zu Ihrer eigenen Arbeit und Kommunikation. Dies hilft, Probleme frühzeitig zu erkennen und Verbesserungen vorzunehmen.

- **Konstruktives Feedback**: Stellen Sie sicher, dass das Feedback spezifisch, konkret und lösungsorientiert ist. Konzentrieren Sie sich auf beobachtbares Verhalten und bieten Sie Vorschläge zur Verbesserung an.

3. Nutzung geeigneter Kommunikationsmittel

Die Wahl des richtigen Kommunikationsmittels ist entscheidend für die Effektivität der Kommunikation. Verschiedene Situationen erfordern unterschiedliche Kommunikationsmittel.

- **Videokonferenzen für komplexe Themen**: Nutzen Sie Videokonferenzen für Meetings, bei denen komplexe Themen besprochen werden müssen. Die visuelle und auditive Kommunikation hilft, Missverständnisse zu vermeiden und nonverbale Hinweise zu erfassen.

- **Chat-Tools für schnelle Abstimmungen**: Für schnelle Fragen und Abstimmungen eignen sich Chat-Tools wie Slack oder Microsoft Teams. Diese Tools ermöglichen eine sofortige Kommunikation und sind ideal für kurze, informelle Interaktionen.

- **E-Mails für formelle Kommunikation**: Verwenden Sie E-Mails für formelle Kommunikation, die dokumentiert und später nachverfolgt werden muss. E-Mails sind ideal für offizielle Ankündigungen, Zusammenfassungen von Meetings und wichtige Updates.

Wie man Missverständnisse in der virtuellen Kommunikation vermeidet

Missverständnisse sind in jeder Art von Kommunikation möglich, aber in virtuellen Teams können sie besonders problematisch sein. Ohne die Unterstützung durch nonverbale Hinweise und persönliche Interaktionen ist das Risiko von Missverständnissen höher. Diese Missverständnisse können das Vertrauen untergraben und die Teamdynamik negativ beeinflussen. In diesem Abschnitt werden wir ausführlich untersuchen, wie Missverständnisse in der virtuellen Kommunikation vermieden werden können. Wir werden bewährte Strategien und Techniken vorstellen, die dazu beitragen, die Kommunikation klar und effektiv zu gestalten.

Klare und präzise Kommunikation

Eine klare und präzise Kommunikation ist der Schlüssel, um Missverständnisse zu vermeiden. Es ist wichtig, dass alle Teammitglieder die gleichen Informationen erhalten und diese richtig interpretieren können.

- **Verwendung einfacher und eindeutiger Sprache**: Vermeiden Sie Fachjargon, komplexe Ausdrücke und mehrdeutige Formulierungen. Nutzen Sie stattdessen einfache und klare Sprache, um Ihre Botschaften verständlich zu machen. Dies reduziert das Risiko von Missverständnissen und stellt sicher, dass alle Teammitglieder die gleiche Interpretation haben.

- **Konkretisierung von Erwartungen**: Stellen Sie sicher, dass alle Aufgaben, Ziele und Erwartungen klar und unmissverständlich formuliert sind. Geben Sie genaue Anweisungen und vermeiden Sie vage Formulierungen. Dies hilft den Teammitgliedern, ihre Rollen und Verantwortlichkeiten zu verstehen und effektiv zu erfüllen.

Aktives Zuhören und Rückfragen

Aktives Zuhören und Rückfragen sind entscheidend, um sicherzustellen, dass alle Beteiligten die gleiche Information und Verständnisbasis haben.

- **Aktives Zuhören**: Zeigen Sie durch aktives Zuhören, dass Sie die Aussagen der anderen Teammitglieder wertschätzen und ernst nehmen. Wiederholen Sie die Kernaussagen des Gesprächspartners in eigenen Worten, um sicherzustellen, dass Sie richtig verstanden haben. Dies fördert das gegenseitige Verständnis und reduziert das Risiko von Missverständnissen.

- **Rückfragen stellen**: Stellen Sie offene Fragen, um zusätzliche Informationen zu erhalten und das Gespräch zu vertiefen. Rückfragen klären Unklarheiten und helfen, das vollständige Bild zu erfassen. Vermeiden Sie es, Annahmen zu treffen, und bitten Sie um Klarstellungen, wenn etwas unklar ist.

Nutzung geeigneter Kommunikationsmittel

Die Wahl des richtigen Kommunikationsmittels ist entscheidend für die Effektivität der Kommunikation. Verschiedene Situationen erfordern unterschiedliche Kommunikationsmittel.

- **Videokonferenzen für komplexe Themen**: Nutzen Sie Videokonferenzen für Meetings, bei denen komplexe Themen besprochen werden müssen. Die visuelle und auditive Kommunikation hilft, Missverständnisse zu vermeiden und nonverbale Hinweise zu erfassen. Videokonferenzen ermöglichen es den Teilnehmern, sofortige Rückfragen zu stellen und Klarstellungen zu erhalten.

- **Chat-Tools für schnelle Abstimmungen**: Für schnelle Fragen und Abstimmungen eignen sich Chat-Tools wie Slack oder Microsoft Teams. Diese Tools ermöglichen eine sofortige Kommunikation und sind ideal für kurze, informelle Interaktionen.

Stellen Sie sicher, dass wichtige Informationen auch in formelleren Kommunikationskanälen dokumentiert werden.

- **E-Mails für formelle Kommunikation**: Verwenden Sie E-Mails für formelle Kommunikation, die dokumentiert und später nachverfolgt werden muss. E-Mails sind ideal für offizielle Ankündigungen, Zusammenfassungen von Meetings und wichtige Updates. Achten Sie darauf, E-Mails klar zu strukturieren und wichtige Punkte hervorzuheben.

Feedback-Kultur etablieren

Eine offene Feedback-Kultur ist unerlässlich, um kontinuierliche Verbesserung und Vertrauen im Team zu fördern.

- **Regelmäßiges Feedback geben und einholen**: Fördern Sie eine Kultur, in der regelmäßiges Feedback zur Norm wird. Geben Sie konstruktives Feedback und bitten Sie um Rückmeldungen zu Ihrer eigenen Arbeit und Kommunikation. Dies hilft, Probleme frühzeitig zu erkennen und Verbesserungen vorzunehmen.

- **Konstruktives Feedback**: Stellen Sie sicher, dass das Feedback spezifisch, konkret und lösungsorientiert ist. Konzentrieren Sie sich auf beobachtbares Verhalten und bieten Sie Vorschläge zur Verbesserung an. Dies fördert eine positive Feedback-Kultur und trägt dazu bei, Missverständnisse zu vermeiden.

Dokumentation und Nachverfolgung

Die Dokumentation und Nachverfolgung von Informationen ist entscheidend, um sicherzustellen, dass alle Teammitglieder die gleichen Informationen haben und auf dem gleichen Stand sind.

- **Protokollierung von Meetings**: Führen Sie Protokolle von Meetings und stellen Sie sicher, dass diese allen Teammitgliedern zugänglich sind. Protokolle sollten die wichtigsten Punkte, Entscheidungen und nächsten Schritte klar und präzise zusammenfassen. Dies hilft, Missverständnisse zu vermeiden und sicherzustellen, dass alle Teammitglieder über die gleichen Informationen verfügen.

- **Verwendung gemeinsamer Dokumente**: Nutzen Sie gemeinsame Dokumente und Plattformen, um Informationen zu teilen und zu speichern. Dies ermöglicht allen Teammitgliedern den Zugriff auf aktuelle Informationen und fördert die Transparenz. Gemeinsame Dokumente erleichtern die Nachverfolgung von Aufgaben und Fortschritten.

Effektive Kommunikationskanäle

Effektive Kommunikationskanäle sind essenziell für den Erfolg von virtuellen Teams. Die Wahl der richtigen Kanäle beeinflusst nicht nur die Effizienz der Kommunikation, sondern auch die Qualität der Zusammenarbeit und das Vertrauen innerhalb des Teams. In virtuellen Umgebungen, wo persönliche Interaktionen fehlen, ist es besonders wichtig, Kommunikationskanäle zu nutzen, die den spezifischen Anforderungen und Bedürfnissen des Teams gerecht werden. Dieses Kapitel untersucht die verschiedenen Kommunikationskanäle und bietet Einblicke in ihre optimale Nutzung.

Zunächst werden wir die Unterschiede zwischen synchroner und asynchroner Kommunikation analysieren. Beide Formen haben ihre eigenen Vor- und Nachteile und eignen sich für unterschiedliche Situationen und Kommunikationsbedürfnisse. Ein tiefes Verständnis dieser Unterschiede hilft, die richtige Balance zu finden und die Kommunikationsstrategie entsprechend anzupassen.

Anschließend betrachten wir die Nutzung von Video, Audio und Text für verschiedene Bedürfnisse. Jedes dieser Medien hat spezifische Stärken und Schwächen, die je nach Kontext und Art der zu übermittelnden Informationen unterschiedlich effektiv sein können. Durch die gezielte Auswahl und Kombination dieser Medien kann die Kommunikation in virtuellen Teams deutlich verbessert werden.

Durch das Verständnis und die Anwendung dieser Konzepte können Teams ihre Kommunikationskanäle optimal nutzen und somit eine effektivere und vertrauensvollere Zusammenarbeit erreichen.

Synchrone vs. asynchrone Kommunikation

In virtuellen Teams spielt die Wahl der Kommunikationsform eine entscheidende Rolle für den Erfolg der Zusammenarbeit. Zwei grundlegende Kommunikationsformen sind synchrone und asynchrone Kommunikation. Beide haben ihre eigenen Vor- und Nachteile und eignen sich für unterschiedliche Situationen und Anforderungen. In diesem Abschnitt werden wir die Unterschiede zwischen synchroner und asynchroner Kommunikation detailliert untersuchen und herausfinden, wie sie effektiv eingesetzt werden können, um die Kommunikation und das Vertrauen in virtuellen Teams zu fördern.

Synchrone Kommunikation

Synchrone Kommunikation findet in Echtzeit statt und erfordert, dass alle Teilnehmer gleichzeitig präsent sind. Diese Form der Kommunikation ist besonders nützlich für direkte, sofortige Interaktionen und die Klärung komplexer Themen.

Vorteile der synchronen Kommunikation

- **Unmittelbare Rückmeldungen**: Synchrone Kommunikation ermöglicht sofortige Antworten und Rückfragen, was die Klärung von Missverständnissen erleichtert und die Effizienz erhöht.

  ⇒ **Beispiel:** In einem Videomeeting können Teammitglieder direkt auf Fragen reagieren und Diskussionen führen, was eine schnelle Entscheidungsfindung fördert.

- **Förderung persönlicher Bindungen**: Echtzeitkommunikation, insbesondere über Videokonferenzen, trägt dazu bei, persönliche Bindungen zu stärken und nonverbale Hinweise wie Mimik und Gestik zu nutzen, die das Vertrauen fördern.

  ⇒ **Beispiel:** Regelmäßige virtuelle Kaffeepausen oder informelle Check-ins per Video können helfen, das Teamgefühl zu stärken und persönliche Verbindungen aufzubauen.

Nachteile der synchronen Kommunikation

- **Zeitliche Koordination**: In global verteilten Teams kann es schwierig sein, gemeinsame Zeiten für synchrone Meetings zu finden, besonders wenn die Mitglieder in verschiedenen Zeitzonen arbeiten.

    ⇒ **Beispiel:** Ein Team mit Mitgliedern in Europa, Asien und Amerika könnte Schwierigkeiten haben, eine Zeit für ein wöchentliches Meeting zu finden, die für alle passt.

- **Unterbrechungen und Ablenkungen**: Synchrone Kommunikation kann zu häufigen Unterbrechungen und Ablenkungen führen, wenn Teammitglieder aus ihren Aufgaben gerissen werden, um an Meetings teilzunehmen.

    ⇒ **Beispiel:** Ein Mitarbeiter, der sich auf eine wichtige Aufgabe konzentriert, könnte durch ein unerwartetes Meeting unterbrochen werden, was seine Produktivität beeinträchtigt.

Asynchrone Kommunikation

Asynchrone Kommunikation erfolgt zeitlich versetzt, sodass die Teilnehmer nicht gleichzeitig präsent sein müssen. Diese Form der Kommunikation ist besonders nützlich für Teams, die über verschiedene Zeitzonen verteilt sind, und für Aufgaben, die keine sofortige Antwort erfordern.

Vorteile der asynchronen Kommunikation

Flexibilität und Zeiteffizienz: Teammitglieder können Nachrichten und Aufgaben in ihrem eigenen Tempo bearbeiten und beantworten, was die Flexibilität erhöht und die Effizienz steigert.

⇒ **Beispiel:** Ein Entwickler kann eine ausführliche E-Mail mit technischen Details senden, die der Empfänger in einer ruhigen Minute gründlich lesen und beantworten kann.

- **Reduzierung von Unterbrechungen**: Asynchrone Kommunikation ermöglicht es den Teammitgliedern, sich auf ihre Aufgaben zu konzentrieren, ohne durch ständige Meetings oder Echtzeitnachrichten unterbrochen zu werden.

⇒ **Beispiel:** Ein Mitarbeiter kann während eines intensiven Arbeitsblocks konzentriert bleiben, da er weiß, dass er Nachrichten später in einer festgelegten Zeit beantworten kann.)

Nachteile der asynchronen Kommunikation

- **Verzögerte Rückmeldungen**: Asynchrone Kommunikation kann zu Verzögerungen bei der Beantwortung von Nachrichten und der Lösung von Problemen führen, was den Fortschritt verlangsamen kann.

⇒ **Beispiel:** Eine wichtige Entscheidung könnte mehrere Stunden oder Tage auf sich warten lassen, wenn die beteiligten Teammitglieder in unterschiedlichen Zeitzonen arbeiten.

- **Missverständnisse und fehlende Klarheit**: Ohne die Möglichkeit, sofort Rückfragen zu stellen und Klarstellungen zu erhalten, können Missverständnisse häufiger auftreten.

⇒ **Beispiel:** Eine schriftliche Anweisung kann missverstanden werden, wenn der Empfänger keine Möglichkeit hat, sofort um eine Klärung zu bitten.)

Optimale Nutzung beider Kommunikationsformen

Die effektivste Kommunikationsstrategie in virtuellen Teams besteht darin, eine Balance zwischen synchroner und asynchroner Kommunikation zu finden. Jede Form hat ihre Stärken und Schwächen, und die optimale Nutzung hängt von den spezifischen Anforderungen und Umständen des Teams ab.

- **Kombination von synchronen und asynchronen Methoden**: Nutzen Sie synchrone Kommunikation für regelmäßige Meetings, wichtige Diskussionen und Teambuilding-Aktivitäten, während Sie asynchrone Kommunikation für tägliche Updates, ausführliche Berichte und Aufgabenmanagement einsetzen.

  ⇒ **Beispiel:** Ein wöchentliches Videomeeting kann genutzt werden, um den Fortschritt zu besprechen und wichtige Entscheidungen zu treffen, während tägliche Status-Updates und Aufgabenverteilung über ein Projektmanagement-Tool wie Trello oder Asana erfolgen.)

- **Klare Kommunikationsprotokolle**: Definieren Sie klare Regeln und Protokolle für beide Kommunikationsformen, um sicherzustellen, dass alle Teammitglieder wissen, wann und wie sie welche Kommunikationskanäle nutzen sollen.

  ⇒ **Beispiel:** Legen Sie fest, dass dringende Angelegenheiten immer über einen Chat-Kanal wie Slack geklärt werden, während weniger dringende Fragen per E-Mail oder in einem asynchronen Forum gestellt werden können.

Nutzung von Video, Audio und Text für verschiedene Bedürfnisse.

In der virtuellen Teamarbeit ist die Wahl der richtigen Kommunikationsmittel entscheidend für den Erfolg. Unterschiedliche Aufgaben und Situationen erfordern unterschiedliche Kommunikationskanäle, um effizient und klar zu kommunizieren. In diesem Abschnitt werden die Vor- und Nachteile von Video-, Audio- und Textkommunikation erläutert und Empfehlungen gegeben, wann und wie diese Tools am besten eingesetzt werden können.

Video-Kommunikation

Die Videokommunikation spielt eine wichtige Rolle in der virtuellen Zusammenarbeit, da sie es ermöglicht, nonverbale Hinweise zu erkennen und eine stärkere persönliche Verbindung herzustellen. Durch die Möglichkeit, Gesichtsausdrücke, Gesten und andere nonverbale Signale zu sehen, wird die Kommunikation klarer und Missverständnisse können leichter vermieden werden. Videokonferenzen eignen sich besonders gut für wichtige Meetings, Teambuilding-Aktivitäten und Situationen, in denen ein persönlicher Kontakt entscheidend ist.

Vorteile:

- **Nonverbale Kommunikation**: Videoübertragungen ermöglichen es, nonverbale Signale wie Mimik, Gestik und Körperhaltung zu sehen. Dies hilft, Missverständnisse zu vermeiden und ein tieferes Verständnis der Botschaften zu erreichen.
- **Persönliche Verbindung**: Videokonferenzen fördern ein Gefühl der Nähe und Verbindung, das in virtuellen Teams oft fehlt. Dies kann das Vertrauen stärken und die Zusammenarbeit verbessern.
- **Engagement und Aufmerksamkeit**: In Videomeetings sind die Teilnehmer eher aufmerksam und engagiert, da sie visuell präsent sind.

Nachteile:

- **Technische Anforderungen**: Hohe Bandbreite und gute Hardware sind erforderlich, um qualitativ hochwertige Videoübertragungen zu gewährleisten. Schlechte Verbindungen können zu Frustration und ineffektiver Kommunikation führen.
- **Ermüdung**: Längere Videokonferenzen können ermüdend sein, insbesondere wenn sie häufig stattfinden.

Empfehlungen:

- **Einsatzbereiche**: Verwenden Sie Video für wichtige Meetings, Team-Building-Aktivitäten und Situationen, in denen nonverbale Kommunikation entscheidend ist.

- **Best Practices**: Sorgen Sie für gute Lichtverhältnisse, eine ruhige Umgebung und eine stabile Internetverbindung. Halten Sie Meetings kurz und prägnant, um Ermüdung zu vermeiden.

Audio-Kommunikation

Audio-Kommunikation bietet eine flexible und oft schnellere Möglichkeit der Abstimmung in virtuellen Teams. Ohne die visuellen Anforderungen von Videokonferenzen ermöglicht sie es den Teilnehmern, sich stärker auf die gesprochenen Inhalte zu konzentrieren. Sie eignet sich besonders gut für regelmäßige Check-ins, spontane Abstimmungen und Situationen, in denen visuelle Hinweise weniger wichtig sind.

Vorteile:

- **Flexibilität**: Audioanrufe erfordern weniger technische Ressourcen als Videoanrufe und können auch unterwegs genutzt werden.

- **Schnelle Abstimmungen**: Für kurze, spontane Abstimmungen oder Besprechungen kann die Audio-Kommunikation sehr effizient sein.

Fokus auf Inhalte: Ohne visuelle Ablenkungen können sich die Teilnehmer stärker auf den Inhalt des Gesprächs konzentrieren.

Nachteile:

- **Fehlende nonverbale Hinweise**: Ohne visuelle Signale können Missverständnisse leichter auftreten.

- **Multitasking-Gefahr**: Teilnehmer könnten während des Gesprächs abgelenkt sein oder anderen Tätigkeiten nachgehen.

Empfehlungen:

- **Einsatzbereiche**: Nutzen Sie Audio-Kommunikation für regelmäßige Check-ins, schnelle Abstimmungen und Situationen, in denen visuelle Hinweise weniger wichtig sind.

- **Best Practices**: Achten Sie auf eine klare und deutliche Sprache. Verwenden Sie hochwertige Headsets, um Hintergrundgeräusche zu minimieren.

Text-Kommunikation

Text-Kommunikation ist eine wesentliche Komponente der virtuellen Zusammenarbeit, da sie eine asynchrone und dokumentierte Kommunikation ermöglicht. Sie ist besonders nützlich für detaillierte Anweisungen, Statusupdates und die Nachverfolgung von Diskussionen. Textnachrichten, E-Mails und Chat-Nachrichten bieten eine schriftliche Aufzeichnung, die später nachgelesen werden kann, was in vielen Geschäftssituationen von großem Vorteil ist.

Vorteile:

- **Dokumentation**: Textnachrichten, E-Mails und Chats bieten eine schriftliche Aufzeichnung, die später nachgelesen werden kann.

- **Asynchrone Kommunikation**: Textkommunikation ermöglicht es Teammitgliedern, zu verschiedenen Zeiten zu kommunizieren, was besonders in internationalen Teams mit unterschiedlichen Zeitzonen nützlich ist.

- **Präzision und Überlegung**: Texte können vor dem Senden überprüft und überarbeitet werden, was zu klareren und durchdachteren Nachrichten führt.

Nachteile:

- **Missverständnisse**: Der Ton und die Absicht einer Nachricht können leicht missverstanden werden, da nonverbale Hinweise fehlen.

- **Zeitaufwand**: Das Schreiben und Lesen von Texten kann zeitaufwändiger sein als mündliche Kommunikation.

Empfehlungen:

- **Einsatzbereiche**: Verwenden Sie Textkommunikation für detaillierte Anweisungen, Statusupdates und Dokumentationen. Chats und Instant Messaging eignen sich gut für schnelle Fragen und Antworten.

- **Best Practices**: Achten Sie auf klare und prägnante Formulierungen. Verwenden Sie Emojis oder Formatierungen, um den Ton Ihrer Nachrichten zu verdeutlichen. Halten Sie wichtige Informationen in E-Mails oder Dokumenten fest, um sie später leicht wiederfinden zu können.

Zusammenfassung von Kapitel 4

Kapitel 4 widmet sich der zentralen Rolle der Kommunikation bei der Vertrauensbildung in virtuellen Teams. Kommunikation ist das Herzstück jeder zwischenmenschlichen Interaktion und spielt eine entscheidende Rolle dabei, Vertrauen aufzubauen und aufrechtzuerhalten, besonders in virtuellen Umgebungen, wo persönliche Interaktionen selten sind. Dieses Kapitel bietet Einblicke in wichtige Kommunikationsprinzipien und -techniken, die speziell darauf abzielen, Vertrauen in virtuellen Teams zu fördern.

Rolle der Kommunikation bei der Vertrauensbildung

Effektive Kommunikation ist unerlässlich, um Vertrauen zu schaffen und zu pflegen. Klarheit, Konsistenz und Transparenz in der Kommunikation helfen, Missverständnisse zu vermeiden und eine offene Teamkultur zu entwickeln. Prinzipien wie Präzision und Regelmäßigkeit der Kommunikation sowie Offenheit und Transparenz sind grundlegende Faktoren, die Vertrauen stärken.

Wichtige Kommunikationsprinzipien und -techniken:

- **Klarheit und Präzision**: Vermeiden von Fachjargon, konkrete Formulierung von Erwartungen.

- **Konsistenz und Regelmäßigkeit**: Regelmäßige Updates und einheitliche Kommunikationskanäle.

- **Offenheit und Transparenz**: Ehrliche Kommunikation und transparente Entscheidungsprozesse.

Techniken der effektiven Kommunikation:

- **Aktives Zuhören**: Wiederholen und Paraphrasieren, offene Fragen stellen.

- **Feedback-Kultur**: Regelmäßiges, konstruktives Feedback geben und einholen.

- **Nutzung geeigneter Kommunikationsmittel**: Videokonferenzen für komplexe Themen, Chat-Tools für schnelle Abstimmungen, E-Mails für formelle Kommunikation.

Missverständnisse in der virtuellen Kommunikation vermeiden

Missverständnisse können das Vertrauen erheblich beeinträchtigen. Klare und präzise Kommunikation sowie aktives Zuhören und Rückfragen sind entscheidend, um Missverständnisse zu vermeiden. Die Wahl des richtigen Kommunikationsmittels je nach Situation hilft ebenfalls, Missverständnisse zu minimieren.

Strategien zur Vermeidung von Missverständnissen:

- **Klare und präzise Kommunikation**: Einfache und eindeutige Sprache verwenden, Erwartungen konkretisieren.

- **Aktives Zuhören und Rückfragen**: Aufmerksamkeit zeigen, Kernaussagen wiederholen, offene Fragen stellen.

- **Dokumentation und Nachverfolgung**: Protokollierung von Meetings, Nutzung gemeinsamer Dokumente.

Effektive Kommunikationskanäle

Die Wahl der richtigen Kommunikationskanäle ist entscheidend für den Erfolg virtueller Teams. Synchrone und asynchrone Kommunikation haben jeweils ihre Vor- und Nachteile und sollten je nach Bedarf kombiniert werden.

Synchrone Kommunikation:

- Vorteile: Unmittelbare Rückmeldungen, Förderung persönlicher Bindungen.

- Nachteile: Zeitliche Koordination, Unterbrechungen und Ablenkungen.
- Empfehlung: Für wichtige Meetings, Team-Building-Aktivitäten und direkte Interaktionen.

Asynchrone Kommunikation:

- Vorteile: Flexibilität, Reduzierung von Unterbrechungen.
- Nachteile: Verzögerte Rückmeldungen, Missverständnisse.
- Empfehlung: Für tägliche Updates, ausführliche Berichte und Aufgabenmanagement.

Nutzung von Video, Audio und Text für verschiedene Bedürfnisse

Die Wahl zwischen Video-, Audio- und Textkommunikation hängt von den spezifischen Bedürfnissen und Situationen ab. Jedes Medium hat seine eigenen Stärken und Schwächen.

Video-Kommunikation:

- Vorteile: Nonverbale Kommunikation, persönliche Verbindung, Engagement.
- Nachteile: Technische Anforderungen, Ermüdung.
- Empfehlung: Für wichtige Meetings und Situationen, in denen nonverbale Kommunikation entscheidend ist.

Audio-Kommunikation:

- Vorteile: Flexibilität, schnelle Abstimmungen, Fokus auf Inhalte.
- Nachteile: Fehlende nonverbale Hinweise, Multitasking-Gefahr.
- Empfehlung: Für regelmäßige Check-ins und schnelle Abstimmungen.

Text-Kommunikation:

- Vorteile: Dokumentation, asynchrone Kommunikation, Präzision.

- Nachteile: Missverständnisse, Zeitaufwand.

- Empfehlung: Für detaillierte Anweisungen, Statusupdates und Dokumentationen.

Kapitel 4 bietet umfassende Einblicke in die Bedeutung und Strategien der Kommunikation zur Vertrauensbildung in virtuellen Teams. Durch das Verständnis und die Anwendung der vorgestellten Prinzipien, Techniken und Kommunikationsmittel können Teams ihre Kommunikationsstrategien verbessern und ein starkes Vertrauensfundament schaffen.

KAPITEL 5
PRAKTISCHE ANSÄTZE ZUR VERTRAUENSBILDUNG

Vertrauen ist das Fundament jeder erfolgreichen Zusammenarbeit, insbesondere in virtuellen Teams, wo direkte persönliche Interaktionen begrenzt sind. In den vorherigen Kapiteln haben wir die theoretischen Grundlagen und die Bedeutung der Kommunikation für die Vertrauensbildung untersucht. Nun wenden wir uns den praktischen Ansätzen zu, die Führungskräfte und Teammitglieder anwenden können, um Vertrauen gezielt aufzubauen und zu stärken. Dieses Kapitel bietet konkrete Strategien und Techniken, die darauf abzielen, die Distanz und Anonymität in virtuellen Teams zu überwinden, effektive Team-Building-Aktivitäten zu gestalten, Führung und Management auf Vertrauen auszurichten und kulturelle Sensibilität und Diversität zu fördern.

Zunächst werden wir praktische Strategien zur Überwindung von Distanz und Anonymität vorstellen. Diese Strategien beinhalten Maßnahmen und Verhaltensweisen, die darauf abzielen, persönliche Bindungen zu stärken und die Zusammenarbeit trotz geografischer Trennung zu fördern.

Anschließend betrachten wir Team-Building-Aktivitäten, die speziell für virtuelle Teams entwickelt wurden. Diese Aktivitäten sollen das Gemeinschaftsgefühl stärken und die Beziehungen zwischen den Teammitgliedern verbessern.

Ein weiterer wichtiger Aspekt ist die Rolle der Führung und des Managements. Wir werden untersuchen, wie Führungskräfte durch gezielte Maßnahmen und eine vertrauensbasierte Führungskultur das Vertrauen im Team fördern können.

Abschließend widmen wir uns der kulturellen Sensibilität und Diversität. In virtuellen Teams, die oft international und kulturell vielfältig sind, ist das Verständnis und die Wertschätzung unterschiedlicher kultureller Hintergründe entscheidend für die Vertrauensbildung und den Erfolg des Teams.

Dieses Kapitel bietet eine umfassende Übersicht über praktische Ansätze zur Vertrauensbildung, die Führungskräfte und Teammitglieder sofort umsetzen können, um eine starke, vertrauensvolle und produktive Teamkultur zu entwickeln.

Praktische Strategien zur Überwindung von Distanz und Anonymität

Die Überwindung von Distanz und Anonymität ist eine zentrale Herausforderung für die Vertrauensbildung in virtuellen Teams. Während die physische Abwesenheit und die geografische Verstreutheit der Teammitglieder Hürden darstellen, gibt es zahlreiche Strategien, um diese Barrieren zu überwinden und ein starkes Vertrauensfundament zu schaffen. In diesem Abschnitt werden wir praktische Strategien vorstellen, die Führungskräfte und Teammitglieder anwenden können, um die Distanz und Anonymität in virtuellen Teams zu überwinden und eine kooperative und vertrauensvolle Arbeitsumgebung zu fördern.

Regelmäßige und strukturierte Kommunikation

Eine effektive Kommunikation ist das Rückgrat jeder erfolgreichen Zusammenarbeit, besonders in virtuellen Teams. Regelmäßige und strukturierte Kommunikationsmethoden sind entscheidend, um Missverständnisse zu vermeiden und das Vertrauen zu stärken.

- **Tägliche oder wöchentliche Check-ins**: Regelmäßige Meetings, wie tägliche Stand-up-Meetings oder wöchentliche Team-Updates, helfen, den Fortschritt zu verfolgen, Probleme zu identifizieren und sicherzustellen, dass alle Teammitglieder auf dem gleichen Stand sind. Diese regelmäßigen Check-ins fördern die Transparenz und das Gefühl der Zusammengehörigkeit.

- **Klare Kommunikationsprotokolle**: Festgelegte Kommunikationsprotokolle, wie bevorzugte Kommunikationskanäle (E-Mail, Chat, Videokonferenz) und erwartete Reaktionszeiten, schaffen klare Erwartungen und helfen, die Kommunikation effizient zu gestalten.

Virtuelle Team-Building-Aktivitäten

Virtuelle Team-Building-Aktivitäten sind eine hervorragende Möglichkeit, persönliche Bindungen zu fördern und die Anonymität zu verringern. Diese Aktivitäten helfen den Teammitgliedern, sich auf einer persönlichen Ebene besser kennenzulernen.

- **Virtuelle Spiele und Aktivitäten**: Online-Spiele und interaktive Aktivitäten wie Quizze, Escape Rooms oder virtuelle Kaffeepausen können das Gemeinschaftsgefühl stärken und eine entspannte Atmosphäre schaffen, in der sich die Teammitglieder besser kennenlernen.

- **Gemeinsame Online-Workshops**: Workshops zu beruflichen oder persönlichen Interessen, die online durchgeführt werden, bieten eine Plattform für den Wissensaustausch und die Zusammenarbeit außerhalb des regulären Arbeitskontextes. Dies fördert das Vertrauen und die Bindung innerhalb des Teams.

Persönliche Begegnungen ermöglichen

Auch wenn die primäre Zusammenarbeit virtuell erfolgt, können gelegentliche persönliche Treffen dazu beitragen, das Vertrauen zu stärken und die Beziehungen zu vertiefen.

- **Team-Retreats und Offsites**: Wenn es logistisch und finanziell möglich ist, können persönliche Treffen wie Team-Retreats oder Offsite-Meetings organisiert werden. Diese Veranstaltungen bieten eine wertvolle Gelegenheit, persönliche Bindungen zu stärken und das Vertrauen zu vertiefen.

- **Regionale Treffen**: Für große, international verteilte Teams können regionale Treffen organisiert werden, bei denen Teammitglieder aus derselben Region zusammenkommen, um sich persönlich kennenzulernen und auszutauschen.

Transparenz und Sichtbarkeit fördern

In virtuellen Teams ist es wichtig, Transparenz und Sichtbarkeit zu fördern, um Unsicherheiten und Misstrauen zu minimieren. Offene Kommunikation über Fortschritte, Herausforderungen und Erfolge ist entscheidend, um Vertrauen aufzubauen.

- **Transparente Projektmanagement-Tools**: Der Einsatz von Projektmanagement-Tools, die es ermöglichen, den Fortschritt und die Aufgabenverteilung in Echtzeit zu verfolgen, fördert die Transparenz. Teammitglieder können sehen, wer an welchen Aufgaben arbeitet und wie der aktuelle Stand ist.

- **Offene Informationsfreigabe**: Regelmäßige Updates und Berichte über den Fortschritt von Projekten und wichtigen Entscheidungen fördern die Offenheit und helfen, das Vertrauen innerhalb des Teams zu stärken. Dies kann durch regelmäßige Berichte oder eine gemeinsame Plattform zur Informationsfreigabe erreicht werden.

Vertrauen durch Empowerment und Verantwortung

Ein weiterer Schlüssel zur Überwindung von Distanz und Anonymität ist das Vertrauen durch Empowerment und die Übertragung von Verantwortung. Wenn Teammitglieder die Autonomie und das Vertrauen haben, ihre Aufgaben eigenständig zu erfüllen, stärkt dies das gegenseitige Vertrauen.

- **Delegation und Autonomie**: Führungskräfte sollten den Teammitgliedern die Autonomie geben, ihre Aufgaben selbstständig zu verwalten und Entscheidungen zu treffen. Dies zeigt Vertrauen in ihre Fähigkeiten und fördert ein Gefühl der Eigenverantwortung.

- **Anerkennung und Wertschätzung**: Regelmäßige Anerkennung und Wertschätzung der Arbeit und Beiträge der Teammitglieder stärken das Vertrauen und fördern eine positive Teamdynamik. Dies kann durch öffentliche Anerkennung in Meetings, persönliche Nachrichten oder Belohnungen erfolgen.

Team-Building-Aktivitäten

Team-Building-Aktivitäten sind ein wesentlicher Bestandteil jeder erfolgreichen Teamdynamik. In virtuellen Teams, wo physische Treffen selten oder unmöglich sind, spielen diese Aktivitäten eine besonders wichtige Rolle. Sie helfen, persönliche Verbindungen zu stärken, das Gemeinschaftsgefühl zu fördern und eine vertrauensvolle Arbeitsatmosphäre zu schaffen. In diesem Abschnitt werden wir uns auf spezifische Team-Building-Aktivitäten konzentrieren, die für virtuelle Umgebungen geeignet sind.

Zunächst werden Ideen für virtuelle Icebreaker und Teambuilding-Spiele vorgestellt. Diese Aktivitäten sind besonders nützlich, um neue Teammitglieder zu integrieren und das Eis zu brechen. Sie fördern das Kennenlernen auf persönlicher Ebene und schaffen eine entspannte und positive Atmosphäre.

Anschließend betrachten wir langfristige Strategien zur Förderung des Teamzusammenhalts. Während Icebreaker und Spiele kurzfristig wirken, sind nachhaltige Maßnahmen erforderlich, um den Teamzusammenhalt langfristig zu stärken. Diese Strategien umfassen regelmäßige Interaktionen, gemeinsame Projekte und kontinuierliche Teambildungsmaßnahmen, die über einen längeren Zeitraum hinweg Vertrauen und Zusammenarbeit fördern.

Durch die Kombination von kurzfristigen und langfristigen Team-Building-Aktivitäten können virtuelle Teams eine starke, kohäsive und vertrauensvolle Gemeinschaft entwickeln, die die Grundlage für eine erfolgreiche Zusammenarbeit bildet.

Ideen für virtuelle Icebreaker und Teambuilding-Spiele

Virtuelle Icebreaker und Teambuilding-Spiele sind essenziell, um in virtuellen Teams persönliche Verbindungen zu schaffen und das Eis zu brechen. Sie helfen, Barrieren abzubauen, das Vertrauen zu stärken und eine positive und offene Teamdynamik zu fördern. In diesem Abschnitt stellen wir verschiedene Ideen für virtuelle Icebreaker und Teambuilding-Spiele vor, die einfach umzusetzen sind und Spaß machen. Diese Aktivitäten sind besonders nützlich, um neue Teammitglieder zu integrieren und bestehende Beziehungen zu vertiefen.

Virtuelle Icebreaker

Icebreaker-Aktivitäten sind kurze und unterhaltsame Übungen, die darauf abzielen, Teammitglieder einander vorzustellen und eine lockere Atmosphäre zu schaffen. Sie sind ideal für den Beginn von Meetings oder für die Einführung neuer Mitglieder ins Team.

1. Zwei Wahrheiten und eine Lüge

In diesem Spiel teilen die Teammitglieder drei Aussagen über sich selbst, von denen zwei wahr und eine gelogen ist. Die anderen Teammitglieder müssen raten, welche Aussage die Lüge ist.

- **Durchführung**: Jeder Teilnehmer bereitet drei Aussagen vor. Während eines virtuellen Meetings gibt jeder seine drei Aussagen preis. Die anderen Teammitglieder stellen Fragen oder diskutieren, um herauszufinden, welche Aussage die Lüge ist.

- **Ziel**: Dieses Spiel fördert das Kennenlernen auf einer persönlichen Ebene und sorgt für viele Lacher, was die Teamdynamik positiv beeinflusst.

2. Virtuelle Schnitzeljagd

Eine virtuelle Schnitzeljagd ist eine interaktive und unterhaltsame Aktivität, bei der Teammitglieder in ihrem Zuhause nach bestimmten Gegenständen suchen und sie vor der Kamera präsentieren.

- **Durchführung**: Der Spielleiter erstellt eine Liste von Gegenständen, die die Teilnehmer in ihrer Umgebung finden sollen (z.B. ein Buch mit einem blauen Einband, ein Küchenutensil). Die Teammitglieder haben eine bestimmte Zeit, um die Gegenstände zu finden und vor der Kamera zu zeigen.

- **Ziel**: Diese Aktivität fördert die Kreativität und die Interaktion zwischen den Teammitgliedern und bietet eine spaßige Abwechslung vom Arbeitsalltag.

3. Virtuelles Bingo

Virtuelles Bingo ist eine einfache und unterhaltsame Möglichkeit, um gemeinsame Interessen und Erfahrungen zu entdecken.

- **Durchführung**: Der Spielleiter erstellt Bingo-Karten mit verschiedenen Aussagen (z.B. "Hat einen Hund", "War schon einmal in Asien", "Spricht mehr als zwei Sprachen"). Während des Meetings kreuzen die Teammitglieder die Aussagen an, die auf sie zutreffen. Wer zuerst eine Reihe, Spalte oder Diagonale voll hat, gewinnt.

- **Ziel**: Dieses Spiel hilft den Teammitgliedern, gemeinsame Interessen und Erfahrungen zu entdecken, was die Verbindung untereinander stärkt.

Teambuilding-Spiele

Teambuilding-Spiele sind länger und komplexer als Icebreaker und zielen darauf ab, die Zusammenarbeit und das Vertrauen innerhalb des Teams zu fördern. Sie sind ideal für spezielle Teambuilding-Sessions oder als regelmäßige Aktivität.

1. Online Escape Room

Ein Online Escape Room ist eine spannende und herausfordernde Aktivität, bei der das Team gemeinsam Rätsel lösen muss, um aus einem virtuellen Raum zu entkommen.

- **Durchführung**: Verschiedene Anbieter bieten virtuelle Escape Rooms an, die speziell für Online-Teams konzipiert sind. Das Team trifft sich in einem virtuellen Raum und arbeitet zusammen, um Hinweise zu finden und Rätsel zu lösen.

- **Ziel**: Diese Aktivität fördert die Zusammenarbeit, die Problemlösungsfähigkeiten und das strategische Denken des Teams. Sie bietet eine intensive und spannende Erfahrung, die das Team näher zusammenbringt.

2. Virtuelles Pictionary

Virtuelles Pictionary ist ein kreatives und lustiges Spiel, bei dem Teammitglieder Begriffe zeichnen und die anderen raten müssen, was dargestellt wird.

- **Durchführung**: Es gibt verschiedene Online-Tools, die Pictionary unterstützen. Ein Teammitglied zeichnet einen Begriff auf einer virtuellen Tafel, während die anderen Teammitglieder raten. Derjenige, der den Begriff richtig errät, ist als nächstes an der Reihe.

- **Ziel**: Dieses Spiel fördert die Kreativität und die Kommunikation im Team und sorgt für viele lustige Momente.

3. Virtuelle Team-Quiz

Ein Team-Quiz ist eine großartige Möglichkeit, Wissen zu testen und das Team zu unterhalten. Es kann thematisch an die Interessen des Teams angepasst werden.

- **Durchführung**: Der Spielleiter erstellt Fragen zu verschiedenen Themenbereichen (z.B. Allgemeinwissen, Firmenwissen, aktuelle Ereignisse). Das Team wird in kleinere Gruppen aufgeteilt, die gegeneinander antreten. Die Antworten werden in einem virtuellen Meeting diskutiert und bewertet.

- **Ziel**: Ein Quiz fördert den Teamgeist und den Wissensaustausch innerhalb des Teams und bietet gleichzeitig eine unterhaltsame Abwechslung.

Langfristige Strategien zur Förderung des Teamzusammenhalts

Während Icebreaker und Teambuilding-Spiele kurzfristig wirken, sind langfristige Strategien erforderlich, um den Teamzusammenhalt dauerhaft zu stärken. Diese Strategien zielen darauf ab, kontinuierlich Vertrauen und Zusammenarbeit zu fördern, indem sie regelmäßige Interaktionen, gemeinsame Projekte und eine konsistente Teamkultur unterstützen. In diesem Abschnitt werden wir verschiedene langfristige Ansätze untersuchen, die dazu beitragen, eine starke und kohäsive Teamdynamik in virtuellen Teams zu entwickeln.

Regelmäßige Interaktionen und Meetings

Kontinuierliche und regelmäßige Interaktionen sind entscheidend, um den Zusammenhalt im Team zu fördern und eine starke Teamkultur aufzubauen.

1. Wöchentliche Team-Meetings

Regelmäßige Team-Meetings sind eine wichtige Plattform für den Austausch von Informationen, die Diskussion von Projekten und die Stärkung des Gemeinschaftsgefühls.

- **Durchführung**: Planen Sie wöchentliche Meetings, in denen der Fortschritt von Projekten besprochen wird, Herausforderungen adressiert werden und Erfolge gefeiert werden. Diese Meetings sollten sowohl formelle als auch informelle Elemente enthalten, um die Teamdynamik zu stärken.

- **Ziel**: Regelmäßige Meetings fördern die Transparenz, ermöglichen den Austausch von Ideen und schaffen eine Routine, die das Gemeinschaftsgefühl stärkt.

2. Virtuelle Kaffeepausen

Virtuelle Kaffeepausen sind informelle Treffen, bei denen sich Teammitglieder entspannt unterhalten und besser kennenlernen können.

- **Durchführung**: Planen Sie regelmäßige virtuelle Kaffeepausen oder Mittagessen, bei denen keine Arbeitsthemen besprochen werden. Diese Treffen sollten freiwillig sein und eine entspannte Atmosphäre bieten.

- **Ziel**: Solche informellen Interaktionen helfen, persönliche Beziehungen zu stärken und das Vertrauen innerhalb des Teams zu fördern.

Gemeinsame Projekte und Ziele

Die Arbeit an gemeinsamen Projekten und Zielen fördert den Teamgeist und stärkt das Vertrauen, indem sie eine gemeinsame Basis und ein gemeinsames Verständnis schaffen.

1. Projektbasiertes Arbeiten

Gemeinsame Projekte, bei denen Teammitglieder eng zusammenarbeiten müssen, sind ideal, um die Zusammenarbeit und das Vertrauen zu stärken.

- **Durchführung**: Identifizieren Sie Projekte, die eine enge Zusammenarbeit erfordern, und setzen Sie Teams zusammen, die unterschiedliche Fähigkeiten und Perspektiven einbringen. Stellen Sie sicher, dass die Teammitglieder regelmäßig miteinander kommunizieren und ihre Fortschritte teilen.

- **Ziel**: Die gemeinsame Arbeit an Projekten fördert die Zusammenarbeit, das gegenseitige Verständnis und das Vertrauen im Team.

2. Gemeinsame Zielsetzung

Das Festlegen und Verfolgen gemeinsamer Ziele stärkt den Teamzusammenhalt und schafft eine klare Richtung für die Teamarbeit.

- **Durchführung**: Setzen Sie regelmäßig gemeinsame Ziele und Meilensteine, die das gesamte Team betreffen. Verfolgen Sie den Fortschritt und feiern Sie gemeinsam Erfolge.

- **Ziel**: Gemeinsame Ziele schaffen ein Gefühl der Einheit und fördern die Zusammenarbeit, da alle Teammitglieder auf ein gemeinsames Ziel hinarbeiten.

Kontinuierliche Teambildungsmaßnahmen

Langfristige Teambildungsmaßnahmen sind darauf ausgerichtet, eine konsistente und positive Teamkultur zu entwickeln, die Vertrauen und Zusammenarbeit fördert.

1. Regelmäßige Teambuilding-Workshops

Workshops und Trainings, die speziell auf Teambuilding und die Entwicklung von Soft Skills abzielen, sind wichtige Elemente einer langfristigen Teambildungsstrategie.

- **Durchführung**: Organisieren Sie regelmäßig Teambuilding-Workshops, die Themen wie Kommunikation, Konfliktlösung und Zusammenarbeit behandeln. Diese Workshops können von internen oder externen Trainern geleitet werden und sollten praxisorientiert sein.

- **Ziel**: Teambuilding-Workshops fördern die persönliche und professionelle Entwicklung der Teammitglieder und stärken die Teamdynamik.

2. Entwicklung einer positiven Teamkultur

Eine positive Teamkultur ist entscheidend für den langfristigen Erfolg und das Wohlbefinden der Teammitglieder.

- **Durchführung**: Fördern Sie Werte wie Respekt, Offenheit und Unterstützung innerhalb des Teams. Ermutigen Sie die Teammitglieder, diese Werte in ihrer täglichen Arbeit zu leben und sich gegenseitig zu unterstützen.

- **Ziel**: Eine starke Teamkultur schafft ein Umfeld, in dem sich die Teammitglieder sicher und wertgeschätzt fühlen, was das Vertrauen und die Zusammenarbeit fördert.

Führung und Management

Führungskräfte spielen eine entscheidende Rolle bei der Vertrauensbildung in virtuellen Teams. Ihre Handlungen und Entscheidungen beeinflussen maßgeblich die Teamdynamik und das Vertrauen der Teammitglieder untereinander. Eine effektive Führungskraft muss in der Lage sein, klare Visionen zu kommunizieren, transparent zu agieren und ihre Teammitglieder zu unterstützen und zu ermutigen. In virtuellen Teams, wo direkte persönliche Interaktionen begrenzt sind, wird diese Rolle noch wichtiger. In diesem Abschnitt werden wir die spezifischen Aufgaben und Einflüsse von Führungskräften auf die Vertrauensbildung untersuchen und praxisnahe Führungstechniken und Tipps vorstellen, die speziell auf die Bedürfnisse virtueller Teams abgestimmt sind.

Zunächst werden wir die Rolle von Führungskräften bei der Vertrauensbildung analysieren. Hierbei betrachten wir, wie Führungskräfte durch ihre Handlungen und Kommunikationsstrategien das Vertrauen innerhalb ihres Teams fördern können. Wir werden untersuchen, wie eine klare Vision, offene Kommunikation, Unterstützung und Vorbildfunktion das Vertrauen stärken können.

Anschließend werden wir Führungstechniken und Tipps für virtuelle Teams vorstellen. Diese Techniken beinhalten konkrete Maßnahmen und Strategien, die Führungskräfte anwenden können, um eine vertrauensvolle und produktive Arbeitsumgebung zu schaffen. Durch die Implementierung dieser Techniken können Führungskräfte die besonderen Herausforderungen der virtuellen Zusammenarbeit meistern und ihr Team zum Erfolg führen.

Die Rolle von Führungskräften bei der Vertrauensbildung

In virtuellen Teams, in denen direkte persönliche Interaktionen fehlen, ist die Rolle der Führungskraft bei der Vertrauensbildung besonders entscheidend. Führungskräfte müssen durch klare Visionen, offene Kommunikation, Unterstützung und vorbildliches Verhalten das Vertrauen ihrer Teammitglieder gewinnen und aufrechterhalten. In diesem Unterpunkt werden wir detailliert untersuchen, wie Führungskräfte diese Ziele erreichen können und welche spezifischen Maßnahmen sie ergreifen sollten, um eine starke Vertrauensbasis in ihren Teams zu schaffen. Dabei werden wir uns auf drei Hauptaspekte konzentrieren: das Setzen und Kommunizieren klarer Visionen und Ziele, die Förderung offener und transparenter Kommunikation sowie die Unterstützung und Ermutigung der Teammitglieder.

Klare Vision und Kommunikation

Eine klare Vision und effektive Kommunikation sind entscheidend, um das Vertrauen der Teammitglieder zu gewinnen und zu halten.

Klare Vision und Ziele

Führungskräfte müssen eine klare Vision und konkrete Ziele vorgeben, die das Team motivieren und leiten. Diese Ziele sollten regelmäßig kommuniziert und überprüft werden, um sicherzustellen, dass alle Teammitglieder auf dem gleichen Stand sind.

- **Motivation und Ausrichtung**: Eine klare Vision hilft, das Team zu motivieren und auszurichten. Wenn die Teammitglieder wissen, worauf sie hinarbeiten, können sie ihre Aufgaben besser verstehen und priorisieren. Beispielsweise kann eine Führungskraft in einem Softwareentwicklungsteam die Vision formulieren, eine innovative und benutzerfreundliche Software zu entwickeln, und diese Vision durch regelmäßige Updates und Diskussionen lebendig halten.

- **Regelmäßige Kommunikation der Ziele**: Die regelmäßige Kommunikation von Zielen und Fortschritten sorgt dafür, dass alle Teammitglieder informiert bleiben und sich auf die gemeinsamen Ziele fokussieren können. Ein wöchentliches Update-Meeting, in dem die Führungskraft die aktuellen Ziele und den Fortschritt des Teams bespricht, hilft, alle auf dem gleichen Stand zu halten.

Offene und transparente Kommunikation

Führungskräfte sollten offen und ehrlich kommunizieren, um Vertrauen aufzubauen. Dies beinhaltet die regelmäßige Weitergabe von Informationen über den Fortschritt und die Herausforderungen des Teams.

- **Transparenz und Ehrlichkeit**: Offene Kommunikation über Herausforderungen und Erfolge stärkt das Vertrauen, da die Teammitglieder das Gefühl haben, dass sie über alle wichtigen Entwicklungen informiert sind. Beispielsweise spricht eine Führungskraft in einem Meeting ehrlich über die aktuellen Herausforderungen des Projekts und erläutert, wie das Team diese angehen kann.

- **Zugänglichkeit**: Führungskräfte sollten für ihre Teammitglieder erreichbar sein und aktiv den Dialog fördern, um Fragen und Bedenken zeitnah zu adressieren. Regelmäßige Sprechstunden oder offene Q&A-Sessions, in denen Teammitglieder ihre Fragen und Anliegen direkt an die Führungskraft richten können, sind hierbei sehr hilfreich.

Unterstützung und Ermutigung

Führungskräfte müssen ihre Teammitglieder unterstützen und ermutigen, um eine positive und vertrauensvolle Arbeitsumgebung zu schaffen.

Zugang zu Ressourcen

Stellen Sie sicher, dass die Teammitglieder die notwendigen Ressourcen und Unterstützung haben, um ihre Aufgaben erfolgreich zu erfüllen. Regelmäßige Schulungen und Weiterbildungsangebote sind hierbei besonders wichtig. Eine Führungskraft könnte durch regelmäßige Schulungen und Weiterbildungsangebote sicherstellen, dass die Teammitglieder über die notwendigen Fähigkeiten und Kenntnisse verfügen, um ihre Aufgaben erfolgreich zu erfüllen.

Anerkennung und Wertschätzung

Anerkennung und Wertschätzung der Leistungen und Beiträge der Teammitglieder sind ebenfalls entscheidend. Eine Führungskraft könnte eine "Mitarbeiter des Monats"-Initiative einführen oder in Meetings positive Rückmeldungen geben, um das Engagement der Teammitglieder zu würdigen.

Vorbildfunktion

Führungskräfte sollten als Vorbild agieren und die Werte und Verhaltensweisen vorleben, die sie von ihren Teammitgliedern erwarten.

Integrität und Zuverlässigkeit

Führungskräfte müssen Integrität zeigen und zuverlässig handeln, um das Vertrauen der Teammitglieder zu gewinnen. Wenn eine Führungskraft beispielsweise verspricht, eine Entscheidung bis zu einem bestimmten Datum zu treffen, sollte sie dieses Versprechen einhalten, um ihre Zuverlässigkeit zu demonstrieren.

Offenheit für Feedback

Führungskräfte sollten zeigen, dass sie offen für Feedback sind und bereit sind, sich zu verbessern. Dies fördert eine Kultur des Vertrauens und der kontinuierlichen Verbesserung innerhalb des Teams.

Führungstechniken und Tipps für virtuelle Teams

Effektive Führung in virtuellen Teams erfordert spezifische Techniken und Strategien, die sich von denen in traditionellen, physisch präsenten Teams unterscheiden. In diesem Abschnitt werden wir konkrete

Führungstechniken und Tipps vorstellen, die darauf abzielen, das Vertrauen zu stärken, die Zusammenarbeit zu fördern und eine positive Teamkultur in virtuellen Umgebungen zu entwickeln.

1. Regelmäßige und strukturierte Kommunikation

Eine konsistente und strukturierte Kommunikation ist entscheidend, um Missverständnisse zu vermeiden und das Vertrauen zu stärken.

- **Wöchentliche Team-Meetings**: Planen Sie regelmäßige Meetings, um den Fortschritt zu besprechen, Herausforderungen zu adressieren und den Teamzusammenhalt zu stärken. Diese Meetings sollten eine klare Agenda haben und allen Teammitgliedern ermöglichen, sich einzubringen. Beispielsweise könnte eine Führungskraft wöchentliche Update-Meetings durchführen, in denen die aktuellen Projekte, Fortschritte und etwaige Hindernisse besprochen werden.

- **Asynchrone Updates**: Nutzen Sie asynchrone Kommunikationsmittel wie E-Mails oder Projektmanagement-Tools, um regelmäßige Updates und Berichte zu teilen. Dies ermöglicht es Teammitgliedern, sich auf dem Laufenden zu halten, auch wenn sie in unterschiedlichen Zeitzonen arbeiten. Eine Führungskraft könnte beispielsweise wöchentliche Zusammenfassungen per E-Mail senden, die die wichtigsten Punkte der Woche und die nächsten Schritte enthalten.

2. Vertrauensvolle Beziehungen aufbauen

Eine vertrauensvolle Beziehung zwischen der Führungskraft und den Teammitgliedern ist unerlässlich für den Erfolg virtueller Teams.

- **Einzelgespräche**: Planen Sie regelmäßige Einzelgespräche mit Ihren Teammitgliedern, um individuelle Fortschritte, Herausforderungen und Feedback zu besprechen. Diese Gespräche sollten offen und unterstützend gestaltet werden.

Eine Führungskraft könnte monatliche One-on-One-Meetings mit jedem Teammitglied durchführen, um deren persönliche Anliegen und berufliche Entwicklung zu besprechen.

- **Transparente Entscheidungen**: Erklären Sie Ihre Entscheidungen und die dahinterliegenden Überlegungen transparent, um das Vertrauen und das Verständnis im Team zu fördern. Bei wichtigen Entscheidungen könnte eine Führungskraft die Gründe und den Entscheidungsprozess in einem Team-Meeting erläutern, um alle Teammitglieder einzubeziehen.

3. Förderung von Autonomie und Verantwortung

Autonomie und Verantwortung tragen dazu bei, das Vertrauen und die Motivation der Teammitglieder zu stärken.

- **Delegation von Aufgaben**: Vertrauen Sie Ihren Teammitgliedern und delegieren Sie Aufgaben entsprechend ihrer Fähigkeiten und Stärken. Geben Sie ihnen die Freiheit, ihre Aufgaben selbstständig zu bearbeiten. Eine Führungskraft könnte einem Teammitglied die Leitung eines Projekts übertragen und ihm die Autonomie geben, Entscheidungen innerhalb des Projektrahmens zu treffen.

- **Klare Erwartungen und Feedback**: Setzen Sie klare Erwartungen und geben Sie regelmäßiges, konstruktives Feedback, um sicherzustellen, dass die Teammitglieder wissen, woran sie arbeiten und wie sie sich verbessern können. Eine Führungskraft könnte regelmäßig Feedback-Sitzungen abhalten, um die Leistungen der Teammitglieder zu besprechen und Verbesserungsvorschläge zu machen.

4. Förderung der Teambindung

Die Förderung der Teambindung ist besonders in virtuellen Teams wichtig, um das Gemeinschaftsgefühl zu stärken und das Vertrauen zu fördern.

- **Virtuelle Teambuilding-Aktivitäten**: Organisieren Sie regelmäßige Teambuilding-Aktivitäten, um das Gemeinschaftsgefühl zu stärken. Dies können virtuelle Spiele, gemeinsame Online-Workshops oder informelle virtuelle Treffen sein. Beispielsweise könnte eine Führungskraft monatliche virtuelle Teambuilding-Sessions planen, um den Teamzusammenhalt zu fördern.

- **Anerkennung und Wertschätzung**: Anerkennen und würdigen Sie regelmäßig die Leistungen und Beiträge der Teammitglieder, um ihre Motivation und ihr Engagement zu fördern. Eine Führungskraft könnte in Team-Meetings regelmäßig Erfolge hervorheben und besondere Leistungen anerkennen.

Kulturelle Sensibilität und Diversität

In virtuellen Teams, die oft über Ländergrenzen hinweg arbeiten, spielen kulturelle Sensibilität und Diversität eine entscheidende Rolle für den Erfolg der Zusammenarbeit. Unterschiedliche kulturelle Hintergründe können sowohl Chancen als auch Herausforderungen mit sich bringen. Führungskräfte müssen daher gezielt Maßnahmen ergreifen, um kulturelle Unterschiede zu verstehen und zu respektieren, sowie eine inklusive und respektvolle Teamkultur zu fördern. In diesem Abschnitt werden wir uns zunächst mit dem Umgang mit kulturellen Unterschieden in virtuellen Teamsbeschäftigen. Anschließend betrachten wir, wie die Förderung einer inklusiven und respektvollen Teamkultur dazu beitragen kann, das Vertrauen und die Zusammenarbeit in multikulturellen Teams zu stärken. Durch das Verständnis und die Wertschätzung kultureller Vielfalt können virtuelle Teams ihre Zusammenarbeit optimieren und eine starke, kohäsive Teamdynamik entwickeln.

Umgang mit kulturellen Unterschieden in virtuellen Teams.

In virtuellen Teams, die oft international aufgestellt sind, ist der Umgang mit kulturellen Unterschieden von entscheidender Bedeutung. Verschiedene kulturelle Hintergründe können unterschiedliche Kommunikationsstile, Arbeitsgewohnheiten und Werte mit sich bringen. Um das Vertrauen und die Zusammenarbeit in solchen Teams zu fördern, müssen Führungskräfte und Teammitglieder kulturelle Sensibilität entwickeln und gezielte Maßnahmen ergreifen, um kulturelle Unterschiede zu überbrücken.

Sensibilisierung und Bewusstsein schaffen

Der erste Schritt im Umgang mit kulturellen Unterschieden besteht darin, ein Bewusstsein für die Vielfalt innerhalb des Teams zu schaffen und die Teammitglieder für kulturelle Sensibilitäten zu schulen.

- **Kulturelles Bewusstsein fördern**: Führungskräfte sollten Schulungen und Workshops anbieten, um das kulturelle Bewusstsein und die Sensibilität der Teammitglieder zu fördern. Diese Schulungen können Themen wie kulturelle Werte, Kommunikationsstile und Arbeitsgewohnheiten abdecken. Ein Beispiel hierfür wäre ein interkultureller Workshop, in dem die Teammitglieder mehr über die kulturellen Hintergründe ihrer Kollegen erfahren und lernen, wie man effektiv über kulturelle Unterschiede hinweg kommuniziert.

- **Offene Diskussionen**: Ermutigen Sie die Teammitglieder, offen über ihre kulturellen Hintergründe und Erfahrungen zu sprechen. Dies kann das Verständnis und die Wertschätzung für die Vielfalt im Team erhöhen. In einem regelmäßigen Teammeeting könnte beispielsweise ein Abschnitt enthalten sein, in dem Teammitglieder ihre kulturellen Traditionen und Feste vorstellen.

Anpassung der Kommunikationsstile

Unterschiedliche Kulturen haben unterschiedliche Kommunikationsstile, die in virtuellen Teams berücksichtigt werden müssen, um Missverständnisse zu vermeiden und effektive Interaktionen zu gewährleisten.

- **Klare und direkte Kommunikation**: In einigen Kulturen wird eine klare und direkte Kommunikation bevorzugt, während andere Kulturen indirekte und kontextabhängige Kommunikation bevorzugen. Führungskräfte sollten sicherstellen, dass die Kommunikationsmethoden für alle Teammitglieder verständlich und zugänglich sind. Hier könnten Kommunikationsleitlinien erstellt werden, die sowohl direkte als auch indirekte Kommunikationsstile berücksichtigen, um Missverständnisse zu minimieren.

- **Anpassung an unterschiedliche Zeitzonen**: In virtuellen Teams, die über verschiedene Zeitzonen verteilt sind, sollten Kommunikationszeiten und -methoden flexibel gestaltet werden, um allen Teammitgliedern gerecht zu werden. Meetings können abwechselnd zu verschiedenen Zeiten stattfinden, damit alle Teammitglieder die Möglichkeit haben, zu angemessenen Zeiten teilzunehmen.

Respekt und Empathie

Respekt und Empathie sind entscheidend, um eine positive und vertrauensvolle Atmosphäre in multikulturellen Teams zu schaffen.

- **Respektvolle Interaktionen fördern**: Führungskräfte sollten sicherstellen, dass alle Teammitglieder respektvoll miteinander umgehen und kulturelle Unterschiede anerkennen und schätzen. In Teammeetings könnte die Führungskraft darauf achten, dass alle Meinungen und Perspektiven gehört und respektiert werden, unabhängig von kulturellen Unterschieden.

- **Empathie entwickeln**: Ermutigen Sie die Teammitglieder, sich in die Lage ihrer Kollegen zu versetzen und Verständnis für deren Perspektiven und Arbeitsweisen zu entwickeln. Eine Führungskraft könnte Übungen zur Förderung der Empathie einführen, bei denen Teammitglieder sich in die Situation ihrer Kollegen hineinversetzen und deren Herausforderungen und Bedürfnisse besser verstehen.

Anpassung der Arbeitsgewohnheiten

Unterschiedliche Kulturen haben unterschiedliche Arbeitsgewohnheiten und Erwartungen, die berücksichtigt werden sollten, um ein harmonisches Arbeitsumfeld zu schaffen.

- **Flexibilität und Anpassungsfähigkeit**: Führungskräfte sollten flexibel und anpassungsfähig sein, um den unterschiedlichen Arbeitsgewohnheiten und -bedürfnissen der Teammitglieder gerecht zu werden. Eine Führungskraft könnte beispielsweise flexible Arbeitszeiten einführen, um den unterschiedlichen Zeitplänen und Arbeitsgewohnheiten der Teammitglieder entgegenzukommen.

- **Berücksichtigung kultureller Feiertage**: Achten Sie darauf, kulturelle Feiertage und wichtige Anlässe der Teammitglieder zu respektieren und in die Planung und Terminierung von Projekten einzubeziehen. Bei der Projektplanung könnte die Führungskraft die kulturellen Feiertage der Teammitglieder berücksichtigen und sicherstellen, dass wichtige Meetings und Deadlines nicht auf diese Tage fallen.

Förderung einer inklusiven und respektvollen Teamkultur.

Eine inklusive und respektvolle Teamkultur ist der Schlüssel zum Erfolg in multikulturellen virtuellen Teams. Inklusion und Respekt fördern das Vertrauen, die Zusammenarbeit und die Motivation der Teammitglieder, unabhängig von ihren kulturellen Hintergründen. In diesem Abschnitt werden wir spezifische Strategien und Maßnahmen vorstellen, die darauf abzielen, eine solche Teamkultur zu entwickeln und aufrechtzuerhalten.

Schaffung einer inklusiven Umgebung

Um eine inklusive Umgebung zu schaffen, müssen Führungskräfte gezielte Maßnahmen ergreifen, um sicherzustellen, dass sich alle Teammitglieder wertgeschätzt und eingebunden fühlen.

- **Inklusionsschulungen und Workshops**: Regelmäßige Schulungen und Workshops zur Förderung von Inklusion und Diversität helfen, das Bewusstsein für die Bedeutung dieser Themen zu schärfen und die Fähigkeiten der Teammitglieder zu stärken, inklusiv zu agieren. Diese Schulungen können Themen wie unbewusste Vorurteile, kulturelle Sensibilität und interkulturelle Kommunikation abdecken. Ein Beispiel wäre ein Workshop, der sich darauf konzentriert, unbewusste Vorurteile zu erkennen und zu überwinden.

- **Aktive Beteiligung fördern**: Führungskräfte sollten darauf achten, dass alle Teammitglieder die Möglichkeit haben, sich aktiv an Diskussionen und Entscheidungsprozessen zu beteiligen. Dies kann durch gezielte Fragen, regelmäßige Feedback-Runden und die Förderung einer offenen Kommunikationskultur erreicht werden. In Teammeetings könnte die Führungskraft beispielsweise sicherstellen, dass jeder die Gelegenheit hat, seine Meinung zu äußern, und gezielt stillere Teammitglieder einbeziehen.

Wertschätzung und Anerkennung der Vielfalt

Die Anerkennung und Wertschätzung der kulturellen Vielfalt im Team ist entscheidend, um eine respektvolle und inklusive Teamkultur zu fördern.

- **Feiern kultureller Vielfalt**: Führungskräfte sollten Gelegenheiten schaffen, um die kulturelle Vielfalt im Team zu feiern und zu würdigen. Dies kann durch das Feiern kultureller Feiertage, das Teilen von kulturellen Traditionen und die

Organisation von kulturellen Austauschprogrammen geschehen. Zum Beispiel könnte das Team einen monatlichen "Kulturellen Austausch" veranstalten, bei dem Teammitglieder ihre Traditionen und Feste vorstellen.

- **Anerkennung individueller Beiträge**: Die individuellen Beiträge und Stärken der Teammitglieder sollten regelmäßig anerkannt und gewürdigt werden, um ihre Motivation und ihr Engagement zu fördern. Führungskräfte können dies durch persönliche Danksagungen, öffentliche Anerkennungen in Meetings oder formelle Anerkennungsprogramme tun. In einem Teammeeting könnte die Führungskraft beispielsweise die besonderen Leistungen eines Teammitglieds hervorheben und dessen Beitrag zur Teamarbeit anerkennen.

Förderung einer offenen und respektvollen Kommunikation

Eine offene und respektvolle Kommunikation ist entscheidend, um Missverständnisse zu vermeiden und das Vertrauen innerhalb des Teams zu stärken.

- **Kommunikationsrichtlinien entwickeln**: Führungskräfte sollten klare Richtlinien für die Kommunikation im Team entwickeln, die Respekt und Inklusion fördern. Diese Richtlinien könnten Regeln für den respektvollen Umgang miteinander, die Verwendung inklusiver Sprache und den Umgang mit Konflikten umfassen. Ein Beispiel wäre die Einführung einer Regel, dass in allen schriftlichen und mündlichen Kommunikationen eine inklusive und respektvolle Sprache verwendet wird.

- **Offene Feedback-Kultur**: Eine offene Feedback-Kultur, in der Teammitglieder konstruktives Feedback geben und empfangen können, trägt dazu bei, Missverständnisse zu klären und das Vertrauen zu stärken. Führungskräfte sollten regelmäßige

Feedback-Sitzungen einplanen und sicherstellen, dass das Feedback in einer respektvollen und unterstützenden Weise gegeben wird. Zum Beispiel könnte die Führungskraft regelmäßige Feedback-Runden organisieren, bei denen Teammitglieder in einer offenen und sicheren Umgebung ihre Gedanken und Verbesserungsvorschläge teilen können.

Unterstützung und Mentoring

Unterstützung und Mentoring spielen eine wichtige Rolle bei der Förderung einer inklusiven und respektvollen Teamkultur.

- **Mentoring-Programme einführen**: Führungskräfte können Mentoring-Programme einführen, um neue oder weniger erfahrene Teammitglieder zu unterstützen und deren Integration in das Team zu erleichtern. Diese Programme fördern den Wissensaustausch und die persönliche Entwicklung. Ein Beispiel wäre ein Mentoring-Programm, bei dem erfahrene Teammitglieder neue Mitarbeiter unterstützen und ihnen helfen, sich im Team zurechtzufinden.

- **Ressourcen und Unterstützung bieten**: Führungskräfte sollten sicherstellen, dass alle Teammitglieder Zugang zu den notwendigen Ressourcen und Unterstützung haben, um erfolgreich zu sein. Dies kann durch regelmäßige Check-ins, die Bereitstellung von Weiterbildungsmöglichkeiten und den Zugang zu notwendigen Arbeitsmitteln erfolgen. Beispielsweise könnte die Führungskraft regelmäßig mit den Teammitgliedern einchecken, um sicherzustellen, dass sie alle erforderlichen Werkzeuge und Ressourcen haben, um ihre Aufgaben erfolgreich zu erledigen.

Zusammenfassung von Kaptiel 5

Kapitel 5 widmet sich den praktischen Ansätzen zur Vertrauensbildung in virtuellen Teams, indem es konkrete Strategien und Techniken vorstellt, die Führungskräfte und Teammitglieder anwenden können, um Vertrauen gezielt aufzubauen und zu stärken. Das Kapitel ist in vier Hauptabschnitte unterteilt:

Praktische Strategien zur Überwindung von Distanz und Anonymität: Diese Strategien zielen darauf ab, persönliche Bindungen zu stärken und die Zusammenarbeit trotz geografischer Trennung zu fördern. Zu den empfohlenen Maßnahmen gehören regelmäßige und strukturierte Kommunikation, virtuelle Team-Building-Aktivitäten, persönliche Begegnungen (wo möglich), Förderung von Transparenz und Sichtbarkeit sowie Empowerment und Übertragung von Verantwortung.

Team-Building-Aktivitäten: Dieser Abschnitt stellt spezifische Aktivitäten vor, die für virtuelle Teams entwickelt wurden, um das Gemeinschaftsgefühl zu stärken und die Beziehungen zwischen den Teammitgliedern zu verbessern. Vorschläge umfassen virtuelle Icebreaker und Teambuilding-Spiele wie „Zwei Wahrheiten und eine Lüge", virtuelle Schnitzeljagden, Online Escape Rooms und virtuelle Team-Quiz. Langfristige Strategien wie regelmäßige Interaktionen, gemeinsame Projekte und kontinuierliche Teambildungsmaßnahmen werden ebenfalls diskutiert.

Führung und Management: Führungskräfte spielen eine zentrale Rolle bei der Vertrauensbildung. Die Rolle der Führungskräfte wird untersucht, einschließlich der Bedeutung klarer Visionen, offener Kommunikation, Unterstützung und Vorbildfunktion. Praktische Führungstechniken und Tipps für virtuelle Teams umfassen regelmäßige und strukturierte Kommunikation, Aufbau vertrauensvoller Beziehungen, Förderung von Autonomie und Verantwortung sowie Förderung der Teambindung durch Anerkennung und Wertschätzung.

Kulturelle Sensibilität und Diversität: In multikulturellen virtuellen Teams sind kulturelle Sensibilität und Diversität entscheidend für den Erfolg. Strategien zur Förderung von kulturellem Bewusstsein, Anpassung der Kommunikationsstile, Respekt und Empathie, Anpassung der Arbeitsgewohnheiten und Schaffung einer inklusiven und respektvollen Teamkultur werden vorgestellt. Führungskräfte sollten Maßnahmen ergreifen, um kulturelle Unterschiede zu überbrücken und eine inklusive Umgebung zu schaffen, in der alle Teammitglieder wertgeschätzt und eingebunden sind.

Praktische Strategien zur Überwindung von Distanz und Anonymität

- **Regelmäßige und strukturierte Kommunikation**: Tägliche oder wöchentliche Check-ins und klare Kommunikationsprotokolle.

- **Virtuelle Team-Building-Aktivitäten**: Virtuelle Spiele, gemeinsame Online-Workshops und informelle virtuelle Treffen.

- **Persönliche Begegnungen ermöglichen**: Team-Retreats, Offsites und regionale Treffen (wo möglich).

- **Transparenz und Sichtbarkeit fördern**: Nutzung von transparenten Projektmanagement-Tools und regelmäßige Updates.

- **Vertrauen durch Empowerment und Verantwortung**: Delegation und Autonomie, Anerkennung und Wertschätzung.

Team-Building-Aktivitäten

- **Virtuelle Icebreaker**: „Zwei Wahrheiten und eine Lüge", virtuelle Schnitzeljagden, virtuelles Bingo.

- **Teambuilding-Spiele**: Online Escape Rooms, virtuelles Pictionary, virtuelle Team-Quiz.

- **Langfristige Strategien**: Regelmäßige Interaktionen und Meetings, gemeinsame Projekte und Ziele, kontinuierliche Teambildungsmaßnahmen.

Führung und Management

- **Klare Vision und Kommunikation**: Setzen und Kommunizieren klarer Visionen und Ziele, offene und transparente Kommunikation.

- **Vertrauensvolle Beziehungen aufbauen**: Einzelgespräche, transparente Entscheidungen.

- **Förderung von Autonomie und Verantwortung**: Delegation von Aufgaben, klare Erwartungen und Feedback.

- **Förderung der Teambindung**: Virtuelle Teambuilding-Aktivitäten, Anerkennung und Wertschätzung.

Kulturelle Sensibilität und Diversität

- **Sensibilisierung und Bewusstsein schaffen**: Kulturelles Bewusstsein fördern, offene Diskussionen.

- **Anpassung der Kommunikationsstile**: Klare und direkte Kommunikation, Anpassung an unterschiedliche Zeitzonen.

- **Respekt und Empathie**: Respektvolle Interaktionen fördern, Empathie entwickeln.

- **Anpassung der Arbeitsgewohnheiten**: Flexibilität und Anpassungsfähigkeit, Berücksichtigung kultureller Feiertage.

- **Schaffung einer inklusiven Umgebung**: Inklusionsschulungen und Workshops, aktive Beteiligung fördern.

- **Wertschätzung und Anerkennung der Vielfalt**: Feiern kultureller Vielfalt, Anerkennung individueller Beiträge.

- **Förderung einer offenen und respektvollen Kommunikation**: Kommunikationsrichtlinien entwickeln, offene Feedback-Kultur.

- **Unterstützung und Mentoring**: Mentoring-Programme einführen, Ressourcen und Unterstützung bieten.

KAPITEL 6
FALLSTUDIEN UND BEST PRACTICES

Im nächsten Kapitel unseres Buchs werden wir uns auf praktische Anwendungen und bewährte Methoden konzentrieren, die den theoretischen Rahmen der vorherigen Kapitel ergänzen. Durch Fallstudien und Best Practices können wir sehen, wie Unternehmen und Teams erfolgreich Vertrauen in virtuellen Umgebungen aufgebaut haben und welche spezifischen Strategien und Maßnahmen dabei zum Einsatz kamen. Diese realen Beispiele bieten wertvolle Einblicke und praktische Lektionen, die auf Ihre eigenen virtuellen Teams angewendet werden können.

Zunächst werden wir uns erfolgreiche Beispiele aus der Praxis ansehen. In diesem Abschnitt werden wir detaillierte Fallstudien von Unternehmen und Teams untersuchen, die es geschafft haben, Vertrauen in virtuellen Umgebungen aufzubauen. Diese Fallstudien bieten einen tiefen Einblick in die Herausforderungen und Lösungen, die diese Organisationen entwickelt haben. Anschließend werden wir Analysen und praktische Lektionen aus diesen Fallstudien ziehen, um zu verstehen, welche Strategien besonders effektiv waren und wie sie auf andere Teams angewendet werden können.

Im zweiten Teil des Kapitels werden wir uns auf Best Practices und Empfehlungen konzentrieren. Wir werden eine Zusammenfassung bewährter Methoden und Strategien präsentieren, die in verschiedenen virtuellen Teams erfolgreich angewendet wurden. Darüber hinaus bieten wir praktische Tipps für die sofortige Umsetzung, die Ihnen helfen, die besprochenen Strategien schnell und effizient in Ihrem eigenen Team zu implementieren.

Durch die Kombination von Fallstudien und Best Practices zielt dieses Kapitel darauf ab, Ihnen konkrete Werkzeuge und Erkenntnisse an die Hand zu geben, um das Vertrauen in Ihrem virtuellen Team zu stärken und eine produktive und harmonische Zusammenarbeit zu fördern.

Fallstudien von Unternehmen und Teams, die Vertrauen in virtuellen Umgebungen aufgebaut haben.

Um zu verstehen, wie Vertrauen in virtuellen Teams effektiv aufgebaut werden kann, ist es hilfreich, erfolgreiche Beispiele aus der Praxis zu betrachten. Diese Fallstudien bieten wertvolle Einblicke in die Herausforderungen und Lösungen, die verschiedene Unternehmen und Teams entwickelt haben, um eine starke Vertrauensbasis in einer virtuellen Umgebung zu schaffen. In diesem Abschnitt werden wir konkrete Fallstudien analysieren und daraus praktische Lektionen ziehen, die auf andere virtuelle Teams übertragen werden können.

Zunächst werden wir Fallstudien von Unternehmen und Teams, die Vertrauen in virtuellen Umgebungen aufgebaut haben, untersuchen. Diese Fallstudien zeigen detailliert, wie verschiedene Organisationen die Herausforderungen der virtuellen Zusammenarbeit gemeistert und effektive Vertrauensstrategien entwickelt haben.

Anschließend werden wir die Analysen und praktischen Lektionen aus diesen Fallstudien herausarbeiten. Wir werden die Schlüsselfaktoren und Strategien identifizieren, die zum Erfolg dieser Teams beigetragen haben, und konkrete Empfehlungen ableiten, die Ihnen helfen können, ähnliche Erfolge in Ihrem eigenen virtuellen Team zu erzielen.

Durch die Betrachtung dieser erfolgreichen Beispiele können wir nicht nur die Theorie vertiefen, sondern auch praktische und umsetzbare Erkenntnisse gewinnen, die den Aufbau von Vertrauen in virtuellen Teams unterstützen.

Fallstudie 1: Buffer

Buffer ist ein Unternehmen, das vollständig remote arbeitet und weltweit verteilte Teams hat. Seit seiner Gründung hat Buffer konsequent auf Transparenz und eine starke Unternehmenskultur gesetzt, um das Vertrauen in ihren virtuellen Teams zu stärken. Diese Fallstudie untersucht die spezifischen Strategien und Maßnahmen, die Buffer erfolgreich angewendet hat, um eine vertrauensvolle und effektive Arbeitsumgebung zu schaffen.

Hintergrund und Herausforderungen

Buffer wurde 2010 gegründet und bietet eine Plattform zur Verwaltung sozialer Medien. Von Anfang an entschied sich Buffer für ein vollständig verteiltes Team, was bedeutete, dass alle Mitarbeiter von verschiedenen Orten weltweit aus arbeiten würden. Diese Entscheidung brachte Herausforderungen mit sich, wie z.B. die Notwendigkeit, eine starke Unternehmenskultur zu entwickeln und Vertrauen in einem Umfeld aufzubauen, in dem persönliche Interaktionen selten sind.

Strategien und Maßnahmen

Buffer hat verschiedene Strategien und Maßnahmen implementiert, um Vertrauen und Zusammenhalt in ihren virtuellen Teams zu fördern.

1. Transparenz und offene Kommunikation

Buffer hat eine Kultur der Transparenz entwickelt, die als Grundpfeiler ihres Erfolgs gilt.

- **Offenlegung von Gehältern und Unternehmenszahlen**: Buffer hat sich entschieden, die Gehälter aller Mitarbeiter sowie wichtige Unternehmenskennzahlen öffentlich zugänglich zu machen. Diese Transparenz schafft Vertrauen, da die Mitarbeiter das Gefühl haben, dass sie über alle wichtigen Informationen informiert sind und dass es keine versteckten Agenden gibt. Auf der öffentlichen Gehaltsseite von Buffer können alle Mitarbeiter und auch die Öffentlichkeit die Gehälter der Mitarbeiter einsehen, was Fairness und Transparenz innerhalb des Teams fördert.

- **Regelmäßige Updates und Kommunikation**: Buffer hält regelmäßige virtuelle Team-Meetings und Retreats ab, bei denen wichtige Updates und Informationen geteilt werden. Diese Meetings bieten eine Plattform für offene Kommunikation und den Austausch von Ideen. Wöchentliche All-Hands-Meetings, bei denen das gesamte Team zusammenkommt, um Updates zu erhalten und Fragen zu stellen, fördern das Gefühl der Verbundenheit und Transparenz.

2. Regelmäßige Team-Meetings und Retreats

Um die persönliche Bindung zu stärken und den Teamzusammenhalt zu fördern, organisiert Buffer regelmäßige virtuelle Team-Meetings und persönliche Retreats.

- **Virtuelle Team-Meetings**: Diese Meetings finden wöchentlich statt und bieten den Mitarbeitern die Möglichkeit, sich auszutauschen und auf dem neuesten Stand zu bleiben. In den wöchentlichen Team-Meetings werden Erfolge gefeiert, Herausforderungen besprochen und wichtige Entscheidungen gemeinsam getroffen.

- **Persönliche Retreats**: Buffer organisiert zweimal im Jahr persönliche Retreats, bei denen sich alle Mitarbeiter treffen und an Teambuilding-Aktivitäten teilnehmen. Während dieser Retreats werden Workshops, gemeinsame Aktivitäten und offene Diskussionen abgehalten, um das persönliche Kennenlernen und den Teamzusammenhalt zu fördern.

3. Klare Unternehmenswerte

Buffer hat klare Unternehmenswerte definiert, die das Verhalten und die Entscheidungen aller Mitarbeiter leiten. Diese Werte werden regelmäßig kommuniziert und in die tägliche Arbeit integriert.

- **Definition und Kommunikation der Werte**: Buffer hat Werte wie Transparenz, Offenheit und Authentizität als zentrale Prinzipien festgelegt. Diese Werte werden in allen Aspekten der Unternehmenskultur gefördert und gelebt. Die Werte von Buffer sind auf der Unternehmenswebsite und in internen Dokumenten klar dargestellt, und Mitarbeiter werden ermutigt, diese Werte in ihrem täglichen Handeln zu berücksichtigen.

- **Integration in die tägliche Arbeit**: Die Unternehmenswerte werden in den täglichen Arbeitsprozessen und Entscheidungsfindungen integriert, um eine konsistente und vertrauensvolle Unternehmenskultur zu gewährleisten. In Entscheidungsprozessen wird stets darauf geachtet, dass die Unternehmenswerte berücksichtigt und respektiert werden.

Ergebnisse und Erfolge

Die Strategien und Maßnahmen von Buffer haben zu einer starken und vertrauensvollen Unternehmenskultur geführt. Dies zeigt sich in verschiedenen Aspekten des Unternehmens:

- **Hohe Mitarbeiterzufriedenheit**: Die Transparenz und Offenheit bei Buffer haben zu einer hohen Zufriedenheit und Loyalität der Mitarbeiter geführt. Mitarbeiter schätzen die Fairness und das Vertrauen, das ihnen entgegengebracht wird.

- **Effektive Zusammenarbeit**: Die regelmäßigen Meetings und Retreats haben den Teamzusammenhalt gestärkt und die Zusammenarbeit verbessert. Mitarbeiter fühlen sich verbunden und motiviert, gemeinsam an den Unternehmenszielen zu arbeiten.

- **Starke Unternehmenswerte**: Die klar definierten und gelebten Unternehmenswerte haben dazu beigetragen, eine konsistente und positive Unternehmenskultur zu schaffen, die das Vertrauen und die Zusammenarbeit fördert.

Fazit

Die Fallstudie von Buffer zeigt, dass Transparenz, regelmäßige Kommunikation, persönliche Interaktionen und klare Unternehmenswerte entscheidend sind, um Vertrauen in virtuellen Teams aufzubauen und zu stärken. Durch die konsequente Anwendung dieser Strategien hat Buffer eine starke und vertrauensvolle Unternehmenskultur geschaffen, die als Modell für andere virtuelle Teams dienen kann. Diese Erkenntnisse bieten wertvolle Lektionen und praktische Ansätze, die auf andere virtuelle Teams übertragen werden können, um ähnliche Erfolge zu erzielen.

Fallstudie 2: Automattic

Automattic, das Unternehmen hinter WordPress.com, arbeitet vollständig remote und hat weltweit verteilte Teams. Seit seiner Gründung hat Automattic eine Vielzahl von Strategien entwickelt, um Vertrauen in virtuellen Teams zu stärken und eine produktive Zusammenarbeit zu gewährleisten. Diese Fallstudie untersucht die spezifischen Maßnahmen, die Automattic erfolgreich angewendet hat, um eine vertrauensvolle und effektive Arbeitsumgebung zu schaffen.

Hintergrund und Herausforderungen

Automattic wurde 2005 gegründet und bietet verschiedene Dienstleistungen rund um die Erstellung und Verwaltung von Websites an. Mit einem vollständig verteilten Team aus über 1.200 Mitarbeitern in mehr als 75 Ländern stand Automattic vor der Herausforderung, eine starke

Unternehmenskultur zu entwickeln und Vertrauen in einem Umfeld aufzubauen, in dem persönliche Interaktionen selten sind.

Strategien und Maßnahmen

Automattic hat verschiedene Strategien und Maßnahmen implementiert, um Vertrauen und Zusammenhalt in ihren virtuellen Teams zu fördern.

1. Asynchrone Kommunikation und Dokumentation

Automattic nutzt asynchrone Kommunikationsmethoden und umfangreiche Dokumentation, um sicherzustellen, dass alle Mitarbeiter Zugang zu den Informationen haben, die sie benötigen. Dies ermöglicht den Teammitgliedern, in ihrem eigenen Tempo zu arbeiten und Missverständnisse zu vermeiden.

- **Verwendung von Slack und P2**: Automattic nutzt Slack für Echtzeit-Kommunikation und P2, eine interne WordPress-Plattform, für asynchrone Kommunikation und Dokumentation. Diese Tools ermöglichen es den Mitarbeitern, Informationen auszutauschen und Diskussionen zu führen, ohne auf die gleiche Zeitzone angewiesen zu sein. Diese Plattformen sind so gestaltet, dass sie umfangreiche Dokumentationen und Diskussionsfäden enthalten, wodurch alle Teammitglieder jederzeit auf wichtige Informationen zugreifen können.

- **Umfangreiche Dokumentation**: Alle wichtigen Prozesse und Entscheidungen werden dokumentiert und für das gesamte Team zugänglich gemacht. Dies fördert Transparenz und stellt sicher, dass alle Mitarbeiter auf dem gleichen Stand sind. Beispielsweise werden in P2 alle Projektdetails, Entscheidungen und Diskussionspunkte festgehalten, sodass jeder Mitarbeiter jederzeit auf diese Informationen zugreifen kann.

2. Vertrauensvolle Führung und Autonomie

Führungskräfte bei Automattic vertrauen ihren Teammitgliedern und geben ihnen die Autonomie, ihre Arbeit selbstständig zu erledigen. Dies fördert ein Gefühl der Eigenverantwortung und des Vertrauens.

- **Vertrauensbasierte Führung**: Führungskräfte bei Automattic setzen auf eine vertrauensbasierte Führung, die den Mitarbeitern Autonomie und Verantwortung überträgt. Sie vertrauen darauf, dass die Teammitglieder ihre Aufgaben zuverlässig und kompetent erfüllen. Ein Beispiel hierfür ist die Praxis, dass Führungskräfte die Mitarbeiter ermutigen, selbstständig Entscheidungen zu treffen und Verantwortung für ihre Projekte zu übernehmen.

- **Flexibilität und Selbstorganisation**: Mitarbeiter haben die Freiheit, ihre Arbeitszeiten und -orte flexibel zu gestalten. Dies ermöglicht es ihnen, ihre Arbeit an ihre individuellen Bedürfnisse und Lebensumstände anzupassen. Diese Flexibilität wird durch eine Kultur der Selbstorganisation unterstützt, bei der die Teammitglieder ihre Aufgaben eigenverantwortlich priorisieren und organisieren.

3. Virtuelle Teambuilding-Aktivitäten

Automattic organisiert regelmäßige virtuelle Teambuilding-Aktivitäten, um das Gemeinschaftsgefühl zu stärken und persönliche Verbindungen zwischen den Teammitgliedern zu fördern.

- **Virtuelle Kaffeepausen**: Regelmäßige virtuelle Kaffeepausen bieten den Mitarbeitern die Möglichkeit, sich informell auszutauschen und persönliche Beziehungen zu pflegen. Diese Kaffeepausen sind ein fester Bestandteil des Arbeitsalltags und fördern das soziale Miteinander im Team.

- **Gemeinsame Online-Spiele und Aktivitäten**: Automattic organisiert regelmäßige Online-Spiele und Aktivitäten, um den Teamzusammenhalt zu stärken. Diese Aktivitäten reichen von virtuellen Quizabenden bis hin zu gemeinsamen Gaming-Sessions, bei denen die Teammitglieder zusammen spielen und Spaß haben können.

Ergebnisse und Erfolge

Die Strategien und Maßnahmen von Automattic haben zu einer starken und vertrauensvollen Unternehmenskultur geführt. Dies zeigt sich in verschiedenen Aspekten des Unternehmens:

- **Hohe Mitarbeiterzufriedenheit**: Die Autonomie und Flexibilität bei Automattic haben zu einer hohen Zufriedenheit und Loyalität der Mitarbeiter geführt. Mitarbeiter schätzen die Freiheit und das Vertrauen, das ihnen entgegengebracht wird.

- **Effektive Zusammenarbeit**: Die asynchrone Kommunikation und umfangreiche Dokumentation haben den Teamzusammenhalt gestärkt und die Zusammenarbeit verbessert. Mitarbeiter können effizient zusammenarbeiten, auch wenn sie in unterschiedlichen Zeitzonen arbeiten.

- **Starke Unternehmenswerte**: Die vertrauensbasierte Führung und die regelmäßigen Teambuilding-Aktivitäten haben dazu beigetragen, eine konsistente und positive Unternehmenskultur zu schaffen, die das Vertrauen und die Zusammenarbeit fördert.

Fazit

Die Fallstudie von Automattic zeigt, dass asynchrone Kommunikation, vertrauensvolle Führung, Autonomie und regelmäßige Teambuilding-Aktivitäten entscheidend sind, um Vertrauen in virtuellen Teams aufzubauen und zu stärken. Durch die konsequente Anwendung dieser Strategien hat Automattic eine starke und vertrauensvolle

Unternehmenskultur geschaffen, die als Modell für andere virtuelle Teams dienen kann. Diese Erkenntnisse bieten wertvolle Lektionen und praktische Ansätze, die auf andere virtuelle Teams übertragen werden können, um ähnliche Erfolge zu erzielen.

Fallstudie 3: GitLab

GitLab, eine Plattform für die Zusammenarbeit von Entwicklern, ist ein weiteres Beispiel für ein vollständig remote arbeitendes Unternehmen. Seit seiner Gründung hat GitLab eine starke Kultur des Vertrauens und der Zusammenarbeit entwickelt, die durch spezifische Strategien und Maßnahmen unterstützt wird. Diese Fallstudie untersucht, wie GitLab Vertrauen in ihren virtuellen Teams aufgebaut hat und welche Methoden sie erfolgreich angewendet haben.

Hintergrund und Herausforderungen

GitLab wurde 2011 gegründet und bietet eine umfassende DevOps-Plattform, die Entwicklern hilft, ihre Softwareprojekte effizient zu verwalten. Mit über 1.300 Mitarbeitern, die weltweit verteilt arbeiten, stand GitLab vor der Herausforderung, eine kohäsive Unternehmenskultur und ein hohes Maß an Vertrauen in einem vollständig remote Umfeld aufzubauen.

Strategien und Maßnahmen

GitLab hat verschiedene Strategien und Maßnahmen implementiert, um Vertrauen und Zusammenhalt in ihren virtuellen Teams zu fördern.

1. Handbuch für Remote-Arbeit

GitLab hat ein umfangreiches Handbuch für Remote-Arbeit erstellt, das Best Practices und Richtlinien für die Zusammenarbeit enthält. Dieses Handbuch wird regelmäßig aktualisiert und dient als zentrale Ressource für alle Mitarbeiter.

- **Umfangreiche Richtlinien und Best Practices**: Das Handbuch umfasst Richtlinien zu verschiedenen Aspekten der Remote-Arbeit, einschließlich Kommunikation, Zusammenarbeit, Zeitmanagement und Work-Life-Balance. Es bietet den Mitarbeitern klare Anweisungen und Unterstützung, um effektiv in einer virtuellen Umgebung zu arbeiten. Beispielsweise enthält das Handbuch detaillierte Anweisungen zur Nutzung von Kommunikationstools und zur Gestaltung produktiver Arbeitsumgebungen zu Hause.

- **Regelmäßige Aktualisierungen**: GitLab stellt sicher, dass das Handbuch regelmäßig aktualisiert wird, um neue Best Practices und Erkenntnisse zu integrieren. Dies gewährleistet, dass die Mitarbeiter stets Zugang zu den neuesten Informationen und Empfehlungen haben.

2. Regelmäßiges Feedback und Anerkennung

GitLab fördert eine Kultur des regelmäßigen Feedbacks und der Anerkennung. Mitarbeiter werden ermutigt, konstruktives Feedback zu geben und die Leistungen ihrer Kollegen anzuerkennen. Dies stärkt das Vertrauen und die Motivation im Team.

- **Feedback-Kultur**: GitLab legt großen Wert auf eine offene und konstruktive Feedback-Kultur. Mitarbeiter werden ermutigt, regelmäßig Feedback zu geben und zu empfangen, um die persönliche und berufliche Entwicklung zu fördern. Regelmäßige Feedback-Sitzungen und 360-Grad-Feedback-Tools sind integraler Bestandteil dieser Kultur.

- **Anerkennung der Leistungen**: Die Leistungen und Beiträge der Mitarbeiter werden regelmäßig anerkannt und gewürdigt. Dies geschieht durch persönliche Danksagungen, öffentliche Anerkennungen in Meetings und formelle Anerkennungsprogramme. Beispielsweise hebt die

Führungskraft in Teammeetings besondere Leistungen hervor und bedankt sich bei den Mitarbeitern für ihren Einsatz.

3. Virtuelle Offsites und Meetings

GitLab organisiert regelmäßige virtuelle Offsites und Meetings, um den Zusammenhalt im Team zu fördern und wichtige Themen zu besprechen. Diese Meetings bieten eine Plattform für den Austausch und die gemeinsame Entscheidungsfindung.

- **Virtuelle Offsites**: Mehrmals im Jahr veranstaltet GitLab virtuelle Offsites, bei denen das gesamte Team zusammenkommt, um strategische Themen zu besprechen und Teambuilding-Aktivitäten durchzuführen. Diese Offsites stärken das Gemeinschaftsgefühl und bieten die Möglichkeit, persönliche Beziehungen zu pflegen.

- **Regelmäßige Team-Meetings**: Zusätzlich zu den Offsites finden regelmäßige Team-Meetings statt, in denen aktuelle Projekte, Fortschritte und Herausforderungen besprochen werden. Diese Meetings fördern die Transparenz und den Austausch von Ideen und tragen dazu bei, dass alle Teammitglieder auf dem gleichen Stand sind.

Ergebnisse und Erfolge

Die Strategien und Maßnahmen von GitLab haben zu einer starken und vertrauensvollen Unternehmenskultur geführt. Dies zeigt sich in verschiedenen Aspekten des Unternehmens:

- **Hohe Mitarbeiterzufriedenheit**: Die klaren Richtlinien und die Kultur des Feedbacks und der Anerkennung haben zu einer hohen Zufriedenheit und Loyalität der Mitarbeiter geführt. Mitarbeiter schätzen die Unterstützung und das Vertrauen, das ihnen entgegengebracht wird.

- **Effektive Zusammenarbeit**: Die regelmäßigen Meetings und Offsites haben den Teamzusammenhalt gestärkt und die Zusammenarbeit verbessert. Mitarbeiter können effizient zusammenarbeiten, auch wenn sie geografisch verteilt sind.

- **Starke Unternehmenswerte**: Die klar definierten und gelebten Unternehmenswerte haben dazu beigetragen, eine konsistente und positive Unternehmenskultur zu schaffen, die das Vertrauen und die Zusammenarbeit fördert.

Fazit

Die Fallstudie von GitLab zeigt, dass umfangreiche Richtlinien für Remote-Arbeit, eine Kultur des regelmäßigen Feedbacks und der Anerkennung sowie regelmäßige virtuelle Offsites und Meetings entscheidend sind, um Vertrauen in virtuellen Teams aufzubauen und zu stärken. Durch die konsequente Anwendung dieser Strategien hat GitLab eine starke und vertrauensvolle Unternehmenskultur geschaffen, die als Modell für andere virtuelle Teams dienen kann. Diese Erkenntnisse bieten wertvolle Lektionen und praktische Ansätze, die auf andere virtuelle Teams übertragen werden können, um ähnliche Erfolge zu erzielen.

Analysen und praktische Lektionen aus diesen Fallstudien

Die Fallstudien von Buffer, Automattic und GitLab bieten wertvolle Einblicke in die Strategien und Maßnahmen, die erfolgreiche Unternehmen zur Vertrauensbildung in virtuellen Teams eingesetzt haben. Durch die Analyse dieser Fallstudien können wir wichtige praktische Lektionen ableiten, die auf andere virtuelle Teams angewendet werden können. In diesem Abschnitt werden wir die Schlüsselfaktoren und Strategien identifizieren, die zum Erfolg dieser Teams beigetragen haben, und konkrete Empfehlungen formulieren, die Ihnen helfen können, ähnliche Erfolge in Ihrem eigenen virtuellen Team zu erzielen.

1. Transparenz und offene Kommunikation

Eine der wichtigsten Lektionen aus den Fallstudien ist die Bedeutung von Transparenz und offener Kommunikation.

- **Buffer**: Die Offenlegung von Gehältern und Unternehmenskennzahlen sowie regelmäßige Updates und Kommunikation haben das Vertrauen und die Zufriedenheit der Mitarbeiter bei Buffer gestärkt. Die Transparenz in Gehaltsstrukturen und Unternehmenszielen fördert ein Gefühl der Fairness und Inklusion, das für das Vertrauen in Teams entscheidend ist.

- **Automattic**: Automattic setzt auf asynchrone Kommunikation und umfangreiche Dokumentation, um sicherzustellen, dass alle Mitarbeiter Zugang zu den Informationen haben, die sie benötigen. Diese Praxis minimiert Missverständnisse und stellt sicher, dass alle Teammitglieder auf dem gleichen Stand sind.

- **GitLab**: GitLab nutzt ein umfassendes Handbuch für Remote-Arbeit, das regelmäßig aktualisiert wird und als zentrale Ressource für alle Mitarbeiter dient. Die detaillierte Dokumentation und klaren Kommunikationsrichtlinien tragen wesentlich zur Transparenz und zum reibungslosen Informationsfluss bei.

Praktische Lektionen:

- Fördern Sie eine Kultur der Transparenz, indem Sie wichtige Informationen, wie Gehälter und Unternehmenszahlen, offenlegen.

- Implementieren Sie regelmäßige Updates und All-Hands-Meetings, um die Kommunikation und den Informationsaustausch zu fördern.

- Nutzen Sie asynchrone Kommunikationsmethoden und umfangreiche Dokumentation, um sicherzustellen, dass alle Mitarbeiter jederzeit Zugang zu den benötigten Informationen haben.

2. Regelmäßige Interaktionen und Teambuilding

Regelmäßige Meetings und Teambuilding-Aktivitäten sind entscheidend, um den Teamzusammenhalt und das Vertrauen in virtuellen Teams zu stärken.

- **Buffer**: Regelmäßige virtuelle Team-Meetings und persönliche Retreats helfen, die persönliche Bindung zu stärken und den Teamzusammenhalt zu fördern. Diese Meetings bieten eine Plattform für den offenen Austausch und das gemeinsame Feiern von Erfolgen.

- **Automattic**: Virtuelle Kaffeepausen und gemeinsame Online-Spiele fördern das Gemeinschaftsgefühl und ermöglichen es den Teammitgliedern, persönliche Beziehungen zu pflegen. Diese informellen Interaktionen sind wichtig, um das soziale Miteinander zu stärken.

- **GitLab**: Regelmäßige virtuelle Offsites und Meetings bieten eine Plattform für den Austausch und die gemeinsame Entscheidungsfindung. Diese Veranstaltungen fördern den Zusammenhalt und stärken das Gemeinschaftsgefühl im Team.

Praktische Lektionen:

- Organisieren Sie regelmäßige virtuelle Team-Meetings, um den Austausch zu fördern und den Teamzusammenhalt zu stärken.

- Planen Sie regelmäßige Teambuilding-Aktivitäten, wie virtuelle Kaffeepausen oder gemeinsame Online-Spiele, um persönliche

Beziehungen zu pflegen und das Gemeinschaftsgefühl zu stärken.

- Veranstalten Sie regelmäßige virtuelle Offsites, um strategische Themen zu besprechen und Teambuilding-Aktivitäten durchzuführen.

3. Klare Unternehmenswerte und Führung

Klare Unternehmenswerte und eine vertrauensvolle Führung sind entscheidend, um eine positive Unternehmenskultur zu schaffen und das Vertrauen in virtuellen Teams zu stärken.

- **Buffer**: Klare Unternehmenswerte wie Transparenz, Offenheit und Authentizität werden regelmäßig kommuniziert und in die tägliche Arbeit integriert. Diese Werte leiten das Verhalten und die Entscheidungen aller Mitarbeiter und schaffen eine konsistente Unternehmenskultur.

- **Automattic**: Vertrauensvolle Führung und Autonomie sind zentrale Prinzipien bei Automattic. Führungskräfte vertrauen ihren Teammitgliedern und geben ihnen die Freiheit, ihre Arbeit selbstständig zu erledigen. Diese Praxis fördert ein Gefühl der Eigenverantwortung und des Vertrauens.

- **GitLab**: Die Kultur des regelmäßigen Feedbacks und der Anerkennung stärkt das Vertrauen und die Motivation der Mitarbeiter. Klare Richtlinien und die Betonung von Unternehmenswerten tragen dazu bei, eine positive und konsistente Unternehmenskultur zu schaffen.

Praktische Lektionen:

- Definieren und kommunizieren Sie klare Unternehmenswerte, die das Verhalten und die Entscheidungen aller Mitarbeiter leiten.

- Fördern Sie eine vertrauensvolle Führung und geben Sie den Mitarbeitern die Autonomie, ihre Arbeit selbstständig zu erledigen.

- Implementieren Sie eine Kultur des regelmäßigen Feedbacks und der Anerkennung, um das Vertrauen und die Motivation der Mitarbeiter zu stärken.

Schlussfolgerung

Die Fallstudien von Buffer, Automattic und GitLab zeigen, dass Transparenz, regelmäßige Interaktionen, klare Unternehmenswerte und vertrauensvolle Führung entscheidend sind, um Vertrauen in virtuellen Teams aufzubauen und zu stärken. Durch die Analyse dieser erfolgreichen Beispiele können wir wichtige praktische Lektionen ableiten, die auf andere virtuelle Teams angewendet werden können. Indem Sie diese Strategien und Maßnahmen in Ihrem eigenen Team implementieren, können Sie eine starke Vertrauensbasis schaffen und die Zusammenarbeit in virtuellen Umgebungen optimieren.

Best Practices und Empfehlungen

Nachdem wir die Fallstudien erfolgreicher Unternehmen analysiert haben, ist es nun an der Zeit, die bewährten Methoden und Strategien zusammenzufassen, die zur Vertrauensbildung in virtuellen Teams beitragen. Diese Best Practices bieten eine solide Grundlage, um Vertrauen und Zusammenarbeit in Ihrem eigenen Team zu fördern. Zusätzlich zu den zusammengefassten Methoden werden wir praktische Tipps für die sofortige Umsetzung vorstellen, die Ihnen helfen, die beschriebenen Strategien schnell und effektiv in die Tat umzusetzen.

Zunächst werden wir eine Zusammenfassung bewährter Methoden und Strategien präsentieren, die sich in den Fallstudien als besonders effektiv erwiesen haben. Diese Methoden umfassen grundlegende Prinzipien und spezifische Maßnahmen, die Führungskräfte und Teams anwenden können, um eine starke Vertrauensbasis zu schaffen und aufrechtzuerhalten.

Anschließend bieten wir praktische Tipps für die sofortige Umsetzung dieser Methoden und Strategien. Diese Tipps sind darauf ausgelegt, Ihnen konkrete Schritte und Handlungsempfehlungen zu geben, die Sie direkt in Ihrem virtuellen Team anwenden können, um Vertrauen und Zusammenarbeit zu fördern.

Durch die Kombination von bewährten Methoden und sofort umsetzbaren Tipps können Sie die Herausforderungen der virtuellen Zusammenarbeit meistern und eine vertrauensvolle und produktive Teamdynamik entwickeln.

Zusammenfassung bewährter Methoden und Strategien

Die Analyse der Fallstudien von Buffer, Automattic und GitLab hat gezeigt, dass bestimmte Methoden und Strategien besonders effektiv sind, um Vertrauen in virtuellen Teams aufzubauen und zu stärken. In diesem

Abschnitt fassen wir die bewährten Methoden und Strategien zusammen, die in diesen Unternehmen erfolgreich angewendet wurden. Diese Best Practices bieten eine solide Grundlage, um eine starke Vertrauensbasis und eine produktive Zusammenarbeit in Ihrem eigenen virtuellen Team zu fördern.

Transparenz und offene Kommunikation

Eine der wichtigsten Strategien zur Vertrauensbildung ist die Förderung von Transparenz und offener Kommunikation.

- **Offenlegung von Informationen**: Transparenz über Unternehmenskennzahlen, Gehälter und Entscheidungsprozesse fördert das Vertrauen der Mitarbeiter. Buffer hat gezeigt, dass die Offenlegung von Gehältern und Unternehmenszahlen zu mehr Fairness und Vertrauen führt. Die Mitarbeiter wissen, dass sie über alle wichtigen Informationen informiert sind, was das Vertrauen in das Management stärkt.

- **Regelmäßige Updates und Meetings**: Regelmäßige Updates und All-Hands-Meetings sind entscheidend, um die Kommunikation und den Informationsaustausch zu fördern. Diese Meetings bieten eine Plattform für den offenen Austausch und die gemeinsame Diskussion von Herausforderungen und Erfolgen. Automattic nutzt regelmäßige virtuelle Team-Meetings und Dokumentation, um sicherzustellen, dass alle Teammitglieder auf dem gleichen Stand sind.

- **Asynchrone Kommunikation**: Die Verwendung von asynchronen Kommunikationsmethoden und umfangreicher Dokumentation stellt sicher, dass alle Mitarbeiter Zugang zu den benötigten Informationen haben, auch wenn sie in unterschiedlichen Zeitzonen arbeiten. GitLab hat gezeigt, dass asynchrone Kommunikation und eine umfassende Dokumentation helfen,

Missverständnisse zu minimieren und den Informationsfluss zu verbessern.

Regelmäßige Interaktionen und Teambuilding

Regelmäßige Interaktionen und Teambuilding-Aktivitäten sind entscheidend, um den Teamzusammenhalt und das Vertrauen zu stärken.

- **Virtuelle Team-Meetings**: Regelmäßige virtuelle Team-Meetings bieten den Mitarbeitern die Möglichkeit, sich auszutauschen und auf dem neuesten Stand zu bleiben. Buffer organisiert wöchentliche Team-Meetings, in denen Erfolge gefeiert, Herausforderungen besprochen und wichtige Entscheidungen gemeinsam getroffen werden.

- **Teambuilding-Aktivitäten**: Regelmäßige Teambuilding-Aktivitäten, wie virtuelle Kaffeepausen oder gemeinsame Online-Spiele, fördern das Gemeinschaftsgefühl und ermöglichen es den Teammitgliedern, persönliche Beziehungen zu pflegen. Automattic organisiert regelmäßige virtuelle Kaffeepausen und Online-Spiele, um den Teamzusammenhalt zu stärken.

- **Persönliche Treffen und Retreats**: Persönliche Treffen und Retreats bieten die Möglichkeit, persönliche Bindungen zu stärken und den Teamzusammenhalt zu fördern. Buffer organisiert zweimal im Jahr persönliche Retreats, bei denen sich alle Mitarbeiter treffen und an Teambuilding-Aktivitäten teilnehmen.

Klare Unternehmenswerte und vertrauensvolle Führung

Klare Unternehmenswerte und eine vertrauensvolle Führung sind entscheidend, um eine positive Unternehmenskultur zu schaffen und das Vertrauen in virtuellen Teams zu stärken.

- **Definition und Kommunikation von Werten**: Klare Unternehmenswerte, die regelmäßig kommuniziert und in die tägliche Arbeit integriert werden, schaffen eine konsistente Unternehmenskultur. Buffer hat Werte wie Transparenz, Offenheit und Authentizität als zentrale Prinzipien festgelegt und fördert diese Werte in allen Aspekten der Unternehmenskultur.

- **Vertrauensvolle Führung und Autonomie**: Führungskräfte sollten eine vertrauensvolle Führung praktizieren und den Mitarbeitern die Autonomie geben, ihre Arbeit selbstständig zu erledigen. Automattic setzt auf vertrauensvolle Führung und gibt den Mitarbeitern die Freiheit, ihre Arbeitszeiten und -orte flexibel zu gestalten.

- **Regelmäßiges Feedback und Anerkennung**: Eine Kultur des regelmäßigen Feedbacks und der Anerkennung stärkt das Vertrauen und die Motivation der Mitarbeiter. GitLab fördert eine offene Feedback-Kultur und anerkennt regelmäßig die Leistungen und Beiträge der Mitarbeiter.

Unterstützung und Ressourcen

Die Bereitstellung der notwendigen Unterstützung und Ressourcen ist entscheidend, um die Mitarbeiter in ihrer Arbeit zu unterstützen und das Vertrauen zu stärken.

- **Zugang zu Ressourcen**: Sicherstellen, dass alle Mitarbeiter Zugang zu den notwendigen Ressourcen haben, um ihre Aufgaben erfolgreich zu erfüllen. Regelmäßige Schulungen und Weiterbildungsangebote helfen, die Fähigkeiten der Mitarbeiter zu verbessern und ihre Selbstständigkeit zu fördern.

- **Mentoring-Programme**: Einführung von Mentoring-Programmen, um neue oder weniger erfahrene Teammitglieder zu unterstützen und ihre Integration in das Team zu erleichtern. Diese Programme fördern den Wissensaustausch und die persönliche Entwicklung der Mitarbeiter.

- **Umfangreiche Dokumentation und Handbücher**: Erstellung und regelmäßige Aktualisierung von umfangreichen Handbüchern und Dokumentationen, die Best Practices und Richtlinien für die Zusammenarbeit enthalten. GitLab hat ein umfangreiches Handbuch für Remote-Arbeit erstellt, das als zentrale Ressource für alle Mitarbeiter dient.

Praktische Tipps für die sofortige Umsetzung

Nachdem wir die bewährten Methoden und Strategien zur Vertrauensbildung in virtuellen Teams zusammengefasst haben, ist es wichtig, konkrete Schritte zur Umsetzung dieser Strategien zu bieten. In diesem Abschnitt stellen wir praktische Tipps vor, die Ihnen helfen, die beschriebenen Methoden schnell und effektiv in Ihrem eigenen virtuellen Team anzuwenden. Diese Tipps sind darauf ausgelegt, sofortige Verbesserungen in der Kommunikation, Zusammenarbeit und Vertrauensbildung zu erzielen.

Transparenz und offene Kommunikation

Eine klare und offene Kommunikation ist entscheidend, um Vertrauen zu schaffen.

1. **Regelmäßige Updates und Meetings**

    o Richten Sie wöchentliche All-Hands-Meetings ein, in denen aktuelle Projekte, Fortschritte und Herausforderungen besprochen werden.

    o Versenden Sie wöchentliche E-Mail-Updates, die die wichtigsten Ereignisse und Fortschritte des Teams zusammenfassen.

2. **Asynchrone Kommunikation**

- o Verwenden Sie Tools wie Slack, Microsoft Teams oder P2, um asynchrone Kommunikation zu fördern.

- o Erstellen Sie in Ihrem Projektmanagement-Tool detaillierte Dokumentationen für laufende Projekte, damit alle Teammitglieder jederzeit auf relevante Informationen zugreifen können.

Regelmäßige Interaktionen und Teambuilding

Regelmäßige Interaktionen und Teambuilding-Aktivitäten stärken den Teamzusammenhalt und das Vertrauen.

1. **Virtuelle Team-Meetings**

- o Planen Sie regelmäßige virtuelle Team-Meetings, um den Austausch zu fördern und den Teamzusammenhalt zu stärken.

- o Verwenden Sie Videokonferenzen, um eine persönlichere Interaktion zu ermöglichen.

2. **Teambuilding-Aktivitäten**

- o Organisieren Sie virtuelle Kaffeepausen, Online-Spiele oder andere informelle Treffen, um das Gemeinschaftsgefühl zu fördern.

- o Veranstalten Sie monatliche virtuelle Quizabende oder Gaming-Sessions.

3. **Persönliche Retreats**

- o Planen Sie regelmäßige persönliche Treffen oder Retreats, um den Teamzusammenhalt zu stärken.

- o Organisieren Sie jährliche oder halbjährliche Team-Retreats, bei denen alle Teammitglieder zusammenkommen, um an Teambuilding-Aktivitäten teilzunehmen und strategische Planungen durchzuführen.

Klare Unternehmenswerte und vertrauensvolle Führung

Klare Unternehmenswerte und eine vertrauensvolle Führung schaffen eine positive Unternehmenskultur.

1. **Unternehmenswerte definieren und kommunizieren**

   - o Entwickeln Sie klare Unternehmenswerte und kommunizieren Sie diese regelmäßig.

   - o Veröffentlichen Sie die Unternehmenswerte auf der Unternehmenswebsite und in internen Dokumenten.

2. **Vertrauensvolle Führung und Autonomie**

   - o Fördern Sie eine vertrauensvolle Führung und geben Sie den Mitarbeitern die Autonomie, ihre Arbeit selbstständig zu erledigen.

   - o Ermutigen Sie Führungskräfte, ihren Teammitgliedern Vertrauen entgegenzubringen und ihnen die Freiheit zu geben, ihre Arbeitszeiten und -orte flexibel zu gestalten.

3. **Regelmäßiges Feedback und Anerkennung**

   - o Fördern Sie eine Kultur des regelmäßigen Feedbacks und der Anerkennung.

   - o Planen Sie regelmäßige Feedback-Sitzungen und nutzen Sie Tools für 360-Grad-Feedback.

Unterstützung und Ressourcen

Die Bereitstellung notwendiger Unterstützung und Ressourcen stärkt die Mitarbeiter und das Vertrauen.

1. **Ressourcen bereitstellen**

   o Sorgen Sie dafür, dass alle Mitarbeiter Zugang zu den notwendigen Ressourcen haben.

   o Organisieren Sie regelmäßig Schulungen und Workshops, um die Fähigkeiten der Mitarbeiter zu verbessern.

2. **Mentoring-Programme einführen**

   o Entwickeln Sie Mentoring-Programme, um neue oder weniger erfahrene Teammitglieder zu unterstützen.

   o Paaren Sie neue Teammitglieder mit erfahrenen Mentoren, die ihnen helfen, sich im Unternehmen zurechtzufinden.

3. **Handbücher erstellen und aktualisieren**

   o Erstellen Sie umfangreiche Handbücher, die Best Practices und Richtlinien für die Zusammenarbeit enthalten.

   o Aktualiren Sie diese Handbücher regelmäßig, um neue Erkenntnisse und Änderungen zu berücksichtigen.

Zusammenfassung von Kapitel 6

Buffer setzt auf Transparenz und offene Kommunikation, indem sie Gehälter und Unternehmenszahlen offenlegen und regelmäßige Updates sowie persönliche Retreats organisieren. Diese Maßnahmen fördern Vertrauen und Teamzusammenhalt.

Automattic nutzt asynchrone Kommunikation und umfassende Dokumentation, um sicherzustellen, dass alle Mitarbeiter Zugang zu benötigten Informationen haben. Regelmäßige virtuelle Kaffeepausen und Spiele stärken das Gemeinschaftsgefühl.

GitLab implementiert ein umfassendes Handbuch für Remote-Arbeit, fördert regelmäßiges Feedback und Anerkennung sowie virtuelle Offsites und Meetings, um den Teamzusammenhalt zu stärken.

Analysen und praktische Lektionen

Die Fallstudien zeigen, dass Transparenz, regelmäßige Kommunikation, klare Unternehmenswerte und vertrauensvolle Führung entscheidend für den Aufbau von Vertrauen in virtuellen Teams sind. Durch regelmäßige Interaktionen und Teambuilding-Aktivitäten kann der Zusammenhalt gefördert werden.

Best Practices und Empfehlungen

1. **Transparenz und offene Kommunikation:** Regelmäßige Updates und All-Hands-Meetings sowie asynchrone Kommunikationsmethoden und umfassende Dokumentation.

2. **Regelmäßige Interaktionen und Teambuilding:** Virtuelle Team-Meetings, Teambuilding-Aktivitäten und persönliche Retreats.

3. **Klare Unternehmenswerte und vertrauensvolle Führung:** Definition und Kommunikation von Werten, Förderung von Autonomie und regelmäßiges Feedback.

4. **Unterstützung und Ressourcen:** Bereitstellung notwendiger Ressourcen, Mentoring-Programme und umfassende Handbücher.

KAPITEL 7
EVALUIERUNG UND
WEITERENTWICKLUNG

Die Vertrauensbildung in virtuellen Teams ist ein fortlaufender Prozess, der regelmäßige Evaluierung und Anpassung erfordert, um langfristig erfolgreich zu sein. In diesem letzten Kapitel werden wir uns auf die Methoden und Strategien konzentrieren, die notwendig sind, um Vertrauen in virtuellen Teams zu messen, zu evaluieren und kontinuierlich zu verbessern. Eine sorgfältige Evaluierung hilft dabei, den aktuellen Stand des Vertrauens zu verstehen und gezielte Maßnahmen zur Verbesserung zu ergreifen.

Zunächst betrachten wir die Messung von Vertrauen in virtuellen Teams. Wir werden praktische Methoden und Tools vorstellen, die Ihnen helfen, das Vertrauen innerhalb Ihres Teams zu messen und zu bewerten. Diese Methoden bieten eine Grundlage, um den aktuellen Vertrauensstand zu quantifizieren und Schwachstellen zu identifizieren. Anschließend werden wir untersuchen, wie die Ergebnisse dieser Messungen angewendet und interpretiert werden können, um konkrete Maßnahmen zur Verbesserung des Vertrauens zu entwickeln.

Im zweiten Teil des Kapitels widmen wir uns der kontinuierlichen Verbesserung. Wir werden Strategien zur regelmäßigen Evaluierung und Anpassung vorstellen, die sicherstellen, dass Vertrauen und Zusammenarbeit in Ihrem Team stetig gefördert werden. Darüber hinaus werden wir effektive Feedbackmechanismen und kontinuierliche Lernprozesse besprechen, die es Ihrem Team ermöglichen, sich kontinuierlich weiterzuentwickeln und auf Veränderungen flexibel zu reagieren.

Durch die Anwendung der in diesem Kapitel vorgestellten Methoden und Strategien können Sie eine nachhaltige Vertrauensbasis in Ihrem virtuellen Team schaffen und kontinuierlich verbessern. Dies trägt dazu bei, die Effizienz und Zusammenarbeit in Ihrem Team langfristig zu sichern und zu stärken.

Messung von Vertrauen in virtuellen Teams

Die Messung von Vertrauen in virtuellen Teams ist ein wichtiger Schritt, um den aktuellen Stand des Vertrauens zu bewerten und gezielte Verbesserungsmaßnahmen zu entwickeln. Vertrauen ist ein komplexer und oft subjektiver Aspekt der Teamdynamik, der durch verschiedene Faktoren beeinflusst wird. Daher ist es unerlässlich, systematische und praxisnahe Methoden und Tools zur Vertrauensmessung einzusetzen, um ein genaues Bild der Teamdynamik zu erhalten.

In diesem Abschnitt werden wir uns zunächst mit praktischen Methoden und Tools zur Vertrauensmessungbeschäftigen. Diese Methoden und Werkzeuge helfen Ihnen, das Vertrauen innerhalb Ihres Teams zu quantifizieren und spezifische Bereiche zu identifizieren, die verbessert werden müssen. Anschließend betrachten wir die Anwendung und Interpretation der Ergebnisse. Wir werden erläutern, wie Sie die gewonnenen Daten nutzen können, um gezielte Maßnahmen zur Vertrauensstärkung zu entwickeln und wie Sie die Ergebnisse effektiv interpretieren, um langfristige Verbesserungen in Ihrem Team zu erzielen.

Durch die systematische Messung und Analyse des Vertrauens in Ihrem virtuellen Team können Sie fundierte Entscheidungen treffen und gezielte Maßnahmen ergreifen, um das Vertrauen und die Zusammenarbeit kontinuierlich zu fördern und zu verbessern.

Praktische Methoden und Tools zur Vertrauensmessung

Die Messung von Vertrauen in virtuellen Teams ist entscheidend, um den aktuellen Stand der Teamdynamik zu verstehen und gezielte Maßnahmen zur Verbesserung zu entwickeln. Verschiedene Methoden und Tools können verwendet werden, um das Vertrauen systematisch zu messen und zu bewerten. In diesem Abschnitt werden wir einige der effektivsten Methoden und Werkzeuge zur Vertrauensmessung vorstellen und erläutern, wie sie in der Praxis angewendet werden können.

Methoden und Tools zur Vertrauensmessung

Umfragen und Fragebögen

Umfragen und Fragebögen sind eine der gängigsten Methoden zur Messung von Vertrauen in Teams. Sie bieten eine strukturierte Möglichkeit, die Meinungen und Gefühle der Teammitglieder zu erfassen.

- **Vertrauensumfragen**: Diese Umfragen enthalten spezifische Fragen, die darauf abzielen, das Vertrauen innerhalb des Teams zu bewerten. Beispiele für Fragen könnten sein: "Wie sehr vertrauen Sie darauf, dass Ihre Kollegen ihre Aufgaben zuverlässig erledigen?" oder "Wie transparent sind die Entscheidungsprozesse in Ihrem Team?"

- **Likert-Skala**: Verwenden Sie eine Likert-Skala (z.B. von 1 bis 5), um die Antworten zu quantifizieren und vergleichbare Daten zu erhalten. Eine Skala ermöglicht es, die Intensität der Zustimmung oder Ablehnung zu messen und Trends im Laufe der Zeit zu verfolgen.

- **Anonyme Umfragen**: Stellen Sie sicher, dass die Umfragen anonym sind, um ehrliches Feedback zu fördern. Anonymität ermutigt die Teammitglieder, offen über ihre Gefühle und Erfahrungen zu sprechen, ohne Angst vor negativen Konsequenzen zu haben.

Feedback- und Reflexionsrunden

Regelmäßige Feedback- und Reflexionsrunden bieten eine qualitative Methode zur Vertrauensmessung und ermöglichen es den

Teammitgliedern, ihre Gedanken und Bedenken in einem offenen Forum zu teilen.

- **Feedback-Runden**: Planen Sie regelmäßige Meetings, in denen die Teammitglieder die Möglichkeit haben, Feedback zu geben und zu erhalten. Diese Runden können als offener Dialog gestaltet werden, in dem die Teammitglieder ihre Perspektiven teilen und gemeinsam Lösungen entwickeln.

- **Reflexionssitzungen**: Führen Sie Reflexionssitzungen nach wichtigen Projekten oder Meilensteinen durch, um das Vertrauen und die Zusammenarbeit zu bewerten. Fragen Sie die Teammitglieder, was gut gelaufen ist, welche Herausforderungen aufgetreten sind und wie das Vertrauen innerhalb des Teams verbessert werden kann.

Verhaltensbeobachtungen

Die Beobachtung des Verhaltens der Teammitglieder kann wertvolle Einblicke in das Vertrauen im Team geben. Achten Sie auf bestimmte Verhaltensweisen, die auf ein hohes oder niedriges Maß an Vertrauen hinweisen.

- **Kollaborationsmuster**: Beobachten Sie, wie die Teammitglieder zusammenarbeiten. Zeigen sie Offenheit und Unterstützung oder gibt es Anzeichen von Misstrauen und Zurückhaltung?

- **Kommunikationsverhalten**: Achten Sie auf die Art und Weise, wie die Teammitglieder kommunizieren. Ist die Kommunikation offen und transparent oder gibt es Anzeichen vom Gegenteil?

- **Engagement und Beteiligung**: Überprüfen Sie das Engagement und die Beteiligung der Teammitglieder an Meetings und Projekten. Ein hohes Maß an Engagement deutet oft auf ein hohes Maß an Vertrauen hin.

Netzwerkanalysen

Netzwerkanalysen bieten eine fortschrittliche Methode zur Messung von Vertrauen und Zusammenarbeit in Teams. Diese Analysen untersuchen die Kommunikations- und Interaktionsmuster innerhalb des Teams.

- **Soziale Netzwerkanalyse (SNA)**: SNA-Tools kartieren die Kommunikationsflüsse und Interaktionen innerhalb des Teams. Sie helfen zu identifizieren, welche Mitglieder gut vernetzt sind und welche isoliert erscheinen. Ein stark vernetztes Team weist oft auf hohes Vertrauen hin.

- **Analyse der Kommunikationsfrequenz**: Überprüfen Sie die Häufigkeit und Qualität der Interaktionen zwischen den Teammitgliedern. Häufige und qualitativ hochwertige Kommunikation ist ein Indikator für hohes Vertrauen.

Technologische Tools und Software

Es gibt verschiedene Softwarelösungen, die speziell entwickelt wurden, um das Vertrauen und die Zusammenarbeit in virtuellen Teams zu messen und zu verbessern.

- **360-Grad-Feedback-Tools**: Diese Tools ermöglichen umfassendes Feedback von Kollegen, Vorgesetzten und Untergebenen. Sie bieten eine ganzheitliche Sicht auf das Vertrauen und die Zusammenarbeit im Team.

- **Engagement-Software**: Plattformen wie Officevibe oder TINYpulse bieten regelmäßig Umfragen und Analysen, um das Engagement und Vertrauen der Mitarbeiter zu messen.

Anwendung und Interpretation der Ergebnisse

Die Ergebnisse der Vertrauensmessung sollten sorgfältig analysiert und interpretiert werden, um gezielte Maßnahmen zur Verbesserung des Vertrauens zu entwickeln. Vergleichen Sie die Daten über verschiedene

Zeiträume hinweg, um Trends zu erkennen, und nutzen Sie die gewonnenen Erkenntnisse, um spezifische Maßnahmen und Interventionen zu planen. Durch regelmäßige Messungen und die kontinuierliche Anpassung Ihrer Strategien können Sie das Vertrauen in Ihrem virtuellen Team langfristig stärken und aufrechterhalten.

Anwendung und Interpretation der Ergebnisse

Nachdem Sie Vertrauen in Ihrem virtuellen Team gemessen haben, ist der nächste Schritt, die gewonnenen Daten zu analysieren und zu interpretieren. Dies ermöglicht es Ihnen, gezielte Maßnahmen zu entwickeln, die darauf abzielen, das Vertrauen zu stärken und die Zusammenarbeit zu verbessern. In diesem Abschnitt werden wir erläutern, wie die Ergebnisse der Vertrauensmessung angewendet und interpretiert werden können, um effektive Verbesserungsstrategien zu entwickeln.

Datenanalyse

Die Analyse der gesammelten Daten ist der Schlüssel, um ein klares Bild des Vertrauens in Ihrem Team zu erhalten.

Quantitative Daten analysieren

- o **Umfragedaten**: Überprüfen Sie die Ergebnisse Ihrer Vertrauensumfragen, indem Sie Durchschnittswerte und Verteilungsmuster analysieren. Identifizieren Sie Bereiche, in denen das Vertrauen hoch ist, und solche, in denen es Verbesserungsbedarf gibt.

- o **Netzwerkanalysen**: Nutzen Sie die Ergebnisse der sozialen Netzwerkanalysen, um die Kommunikationsmuster im Team zu verstehen. Identifizieren Sie gut vernetzte Mitglieder und solche, die möglicherweise isoliert sind.

Qualitative Daten auswerten

- **Feedback und Reflexionen**: Analysieren Sie die Rückmeldungen aus Feedback-Runden und Reflexionssitzungen. Achten Sie auf wiederkehrende Themen und spezifische Bedenken, die von mehreren Teammitgliedern geäußert werden.

- **Verhaltensbeobachtungen**: Interpretieren Sie die Beobachtungen hinsichtlich der Kollaborations- und Kommunikationsmuster. Notieren Sie sich Verhaltensweisen, die auf ein hohes oder niedriges Maß an Vertrauen hinweisen.

Identifizieren von Mustern und Trends

- Vergleichen Sie die Daten über verschiedene Zeiträume hinweg, um Muster und Trends zu erkennen. Beispielsweise können regelmäßige Umfragen zeigen, ob das Vertrauen im Team im Laufe der Zeit zunimmt oder abnimmt.

- Beachten Sie saisonale Schwankungen oder andere externe Faktoren, die die Ergebnisse beeinflussen könnten.

Interpretation der Ergebnisse

Die Interpretation der Daten hilft Ihnen, die zugrunde liegenden Ursachen für die Vertrauensniveaus in Ihrem Team zu verstehen.

Hervorhebung von Stärken und Schwächen

- **Stärken erkennen**: Identifizieren Sie Bereiche, in denen das Vertrauen stark ist. Dies können gut funktionierende Kommunikationskanäle oder enge Zusammenarbeit zwischen bestimmten

Teammitgliedern sein. Nutzen Sie diese Erkenntnisse, um bewährte Praktiken im gesamten Team zu fördern.

- o **Schwächen identifizieren**: Bestimmen Sie Bereiche, in denen das Vertrauen schwach ist. Dies können Probleme bei der Transparenz von Entscheidungen oder mangelnde Unterstützung durch Führungskräfte sein. Nutzen Sie diese Erkenntnisse, um gezielte Maßnahmen zur Verbesserung zu planen.

Erstellung eines Maßnahmenplans

- o Basierend auf den identifizierten Stärken und Schwächen erstellen Sie einen detaillierten Maßnahmenplan. Dieser Plan sollte konkrete Schritte enthalten, die darauf abzielen, das Vertrauen in den schwachen Bereichen zu stärken und die Stärken weiter auszubauen.

- o Beispiel: Wenn die Umfrageergebnisse zeigen, dass die Transparenz der Entscheidungsprozesse verbessert werden muss, könnten Sie regelmäßige Updates und offene Diskussionen in Meetings einführen, um dieses Problem anzugehen.

Einbeziehung des Teams

- o Diskutieren Sie die Ergebnisse und den Maßnahmenplan offen mit Ihrem Team. Dies fördert Transparenz und zeigt den Teammitgliedern, dass ihre Meinungen und Feedback ernst genommen werden.

- o Ermutigen Sie das Team, Vorschläge und Ideen einzubringen, wie das Vertrauen weiter gestärkt werden kann. Dies kann durch Workshops oder Brainstorming-Sitzungen geschehen.

Umsetzung und Überwachung

Nachdem Sie die Ergebnisse interpretiert und einen Maßnahmenplan erstellt haben, ist es wichtig, diese Maßnahmen umzusetzen und regelmäßig zu überwachen.

Umsetzung der Maßnahmen

- o Setzen Sie die geplanten Maßnahmen in die Praxis um und stellen Sie sicher, dass alle Teammitglieder über die Änderungen informiert sind. Kommunizieren Sie klar, warum diese Maßnahmen ergriffen werden und wie sie das Vertrauen im Team stärken sollen.

- o Beispiel: Wenn eine Verbesserung der Transparenz beschlossen wurde, könnten Sie regelmäßige Updates über Projektfortschritte und Entscheidungen in einem wöchentlichen Meeting integrieren.

Regelmäßige Überwachung und Anpassung

- o Überwachen Sie regelmäßig die Auswirkungen der umgesetzten Maßnahmen, indem Sie kontinuierlich Feedback einholen und Vertrauensumfragen durchführen. Achten Sie darauf, ob die Maßnahmen die gewünschten Verbesserungen bringen.

- o Passen Sie den Maßnahmenplan bei Bedarf an, basierend auf den neuen Erkenntnissen und Rückmeldungen. Flexibilität ist entscheidend, um auf Veränderungen und neue Herausforderungen reagieren zu können.

Kontinuierliche Verbesserung

Vertrauensbildung in virtuellen Teams ist kein einmaliger Prozess, sondern erfordert kontinuierliche Evaluierung und Anpassung, um langfristig erfolgreich zu sein. Die dynamische Natur von Teams und die sich ständig ändernden Arbeitsumgebungen machen es notwendig, regelmäßig den aktuellen Stand zu überprüfen und entsprechende Verbesserungsstrategien zu entwickeln. In diesem Abschnitt werden wir uns auf Strategien zur kontinuierlichen Verbesserung konzentrieren, die sicherstellen, dass Vertrauen und Zusammenarbeit in Ihrem Team stetig gefördert werden.

Zunächst werden wir uns mit Strategien zur regelmäßigen Evaluierung und Anpassung beschäftigen. Diese Strategien helfen Ihnen, den aktuellen Vertrauensstand regelmäßig zu bewerten und notwendige Anpassungen vorzunehmen, um kontinuierliche Verbesserungen zu gewährleisten. Anschließend betrachten wir Feedbackmechanismen und kontinuierliche Lernprozesse, die es Ihrem Team ermöglichen, sich ständig weiterzuentwickeln und flexibel auf Veränderungen zu reagieren. Durch effektives Feedback und kontinuierliches Lernen können Sie eine Kultur der ständigen Verbesserung etablieren, die das Vertrauen und die Zusammenarbeit in Ihrem virtuellen Team stärkt.

Strategien zur regelmäßigen Evaluierung und Anpassung.

Regelmäßige Evaluierung und Anpassung sind entscheidend, um Vertrauen und Zusammenarbeit in virtuellen Teams langfristig zu erhalten und zu stärken. Durch systematische Überprüfungen und gezielte Anpassungen können Führungskräfte sicherstellen, dass das Team auf einem hohen Vertrauensniveau bleibt und kontinuierlich wächst. In diesem Abschnitt werden wir verschiedene Strategien zur regelmäßigen Evaluierung und

Anpassung vorstellen, die Ihnen helfen, das Vertrauen in Ihrem Team fortlaufend zu messen und zu verbessern.

Regelmäßige Vertrauensumfragen

Um das Vertrauen in Ihrem Team kontinuierlich zu überwachen, sollten regelmäßige Vertrauensumfragen durchgeführt werden. Diese Umfragen ermöglichen es, Veränderungen im Vertrauensniveau zu erkennen und frühzeitig auf Probleme zu reagieren.

- **Quartalsweise Umfragen**: Führen Sie mindestens einmal im Quartal Vertrauensumfragen durch, um einen aktuellen Überblick über das Vertrauensniveau im Team zu erhalten. Dies hilft, Trends zu identifizieren und zeitnah auf Veränderungen zu reagieren.

- **Anonymität gewährleisten**: Stellen Sie sicher, dass die Umfragen anonym sind, um ehrliches Feedback zu fördern. Anonymität ermutigt die Teammitglieder, offen über ihre Erfahrungen und Bedenken zu sprechen.

- **Ergebnisse analysieren**: Analysieren Sie die Umfrageergebnisse sorgfältig, um Stärken und Schwächen im Vertrauensniveau zu identifizieren. Nutzen Sie diese Erkenntnisse, um gezielte Maßnahmen zur Verbesserung zu entwickeln.

Regelmäßige Feedback-Runden

Feedback-Runden bieten eine wertvolle Gelegenheit, die Meinungen und Bedenken der Teammitglieder in Echtzeit zu erfassen und direkt darauf zu reagieren.

- **Monatliche Feedback-Meetings**: Planen Sie monatliche Feedback-Meetings, in denen die Teammitglieder die Möglichkeit haben, ihre Erfahrungen und Bedenken zu teilen. Diese Meetings sollten offen und konstruktiv gestaltet sein.

- **Strukturierte Reflexion**: Nutzen Sie strukturierte Reflexionsmethoden, wie das "Start-Stop-Continue"-Modell, um systematisch Feedback zu sammeln. Diese Methode hilft, klar zu definieren, was das Team anfangen, aufhören und weiterhin tun sollte, um das Vertrauen zu stärken.

- **Direkte Maßnahmen ergreifen**: Basierend auf dem Feedback sollten sofortige Maßnahmen ergriffen werden, um die identifizierten Probleme anzugehen. Zeigen Sie dem Team, dass ihr Feedback ernst genommen wird und zu konkreten Veränderungen führt.

Fortlaufende Verhaltensbeobachtungen

Die kontinuierliche Beobachtung der Teamdynamik und des Verhaltens der Teammitglieder kann wertvolle Einblicke in das Vertrauen im Team geben.

- **Kollaborationsmuster überwachen**: Achten Sie auf Veränderungen in den Kollaborationsmustern. Engagieren sich die Teammitglieder weiterhin aktiv und offen in der Zusammenarbeit, oder gibt es Anzeichen von Misstrauen und Zurückhaltung?

- **Kommunikationsverhalten analysieren**: Beobachten Sie die Art und Weise, wie die Teammitglieder kommunizieren. Ist die Kommunikation weiterhin offen und transparent, oder gibt es Anzeichen von Zurückhaltung und Misstrauen?

- **Engagement und Beteiligung**: Überprüfen Sie regelmäßig das Engagement und die Beteiligung der Teammitglieder an Meetings und Projekten. Ein hohes Maß an Engagement deutet oft auf ein hohes Maß an Vertrauen hin.

Zielgerichtete Anpassungen

Basierend auf den Ergebnissen der Umfragen, Feedback-Runden und Verhaltensbeobachtungen sollten gezielte Anpassungen vorgenommen werden, um das Vertrauen im Team kontinuierlich zu stärken.

- **Aktionspläne entwickeln**: Entwickeln Sie konkrete Aktionspläne, die auf den gewonnenen Erkenntnissen basieren. Diese Pläne sollten klare Ziele und Maßnahmen enthalten, um die identifizierten Schwächen zu beheben und die Stärken weiter auszubauen.

- **Regelmäßige Überprüfung und Anpassung**: Überprüfen Sie regelmäßig die Fortschritte der umgesetzten Maßnahmen und passen Sie diese bei Bedarf an. Flexibilität ist entscheidend, um auf neue Herausforderungen und Veränderungen reagieren zu können.

- **Einbeziehung des Teams**: Beziehen Sie das Team in den Prozess der Evaluierung und Anpassung ein. Dies fördert Transparenz und zeigt den Teammitgliedern, dass ihre Meinungen und Feedback ernst genommen werden.

Implementierung und Überwachung

Die Implementierung und kontinuierliche Überwachung der Evaluierungs- und Anpassungsstrategien sind entscheidend, um langfristige Verbesserungen zu gewährleisten.

1. **Klarer Implementierungsplan**

   o Entwickeln Sie einen klaren Plan für die Implementierung der Evaluierungs- und Anpassungsstrategien. Stellen Sie sicher, dass alle Teammitglieder über die geplanten Maßnahmen und deren Ziele informiert sind.

2. **Regelmäßige Überwachung**

   o Überwachen Sie regelmäßig die Fortschritte der umgesetzten Maßnahmen und passen Sie diese bei Bedarf an. Nutzen Sie die gewonnenen Erkenntnisse aus den Umfragen, Feedback-Runden und Verhaltensbeobachtungen, um kontinuierliche Verbesserungen sicherzustellen.

3. **Transparente Kommunikation**

   o Kommunizieren Sie die Ergebnisse der Evaluierungen und die geplanten Anpassungen offen mit dem Team. Dies fördert das Vertrauen und die Zusammenarbeit und zeigt, dass das Management die Bedürfnisse und Anliegen der Teammitglieder ernst nimmt.

Feedbackmechanismen und kontinuierliche Lernprozesse.

Effektive Feedbackmechanismen und kontinuierliche Lernprozesse sind wesentliche Bestandteile, um das Vertrauen und die Zusammenarbeit in virtuellen Teams zu fördern. Durch strukturiertes Feedback und fortlaufendes Lernen können Teams sich kontinuierlich verbessern und flexibel auf neue Herausforderungen reagieren. In diesem Abschnitt werden wir verschiedene Methoden und Strategien vorstellen, die helfen, effektive Feedbackmechanismen zu etablieren und kontinuierliche Lernprozesse zu fördern.

Feedbackmechanismen

Regelmäßige Feedback-Sitzungen

Regelmäßige Feedback-Sitzungen sind eine bewährte Methode, um kontinuierlich Informationen über die Teamdynamik und das Vertrauensniveau zu sammeln.

- **Wöchentliche oder monatliche Feedback-Sitzungen**: Planen Sie regelmäßige Feedback-Sitzungen, in denen die Teammitglieder die Möglichkeit haben, ihre Gedanken und Bedenken offen zu teilen. Diese Sitzungen sollten als sicherer Raum gestaltet werden, in dem ehrliches und konstruktives Feedback gefördert wird.

- **Strukturierte Feedback-Methoden**: Verwenden Sie strukturierte Methoden wie das "Start-Stop-Continue"-Modell, um systematisch Feedback zu sammeln. Diese Methode hilft, klar zu definieren, welche Praktiken beibehalten, welche eingeführt und welche gestoppt werden sollten.

- **Anonyme Feedback-Optionen**: Bieten Sie anonyme Feedback-Optionen an, um sicherzustellen, dass alle Teammitglieder ihre Meinungen ohne Angst vor negativen Konsequenzen äußern können.

360-Grad-Feedback (siehe Anhang)

360-Grad-Feedback bietet eine umfassende Sicht auf das Verhalten und die Leistung der Teammitglieder, indem Feedback von Kollegen, Vorgesetzten und Untergebenen gesammelt wird.

- **Ganzheitliche Perspektive**: Durch die Einbeziehung verschiedener Perspektiven erhalten die Teammitglieder ein umfassendes Bild ihrer Stärken und Schwächen. Dies fördert ein besseres Verständnis und eine ausgewogene Selbstwahrnehmung.

- **Regelmäßige Implementierung**: Führen Sie 360-Grad-Feedback mindestens einmal im Jahr durch, um kontinuierliche Verbesserungen zu unterstützen und die persönliche und berufliche Entwicklung zu fördern.

- **Vertraulichkeit gewährleisten**: Stellen Sie sicher, dass das Feedback vertraulich behandelt wird, um eine ehrliche und offene Rückmeldung zu fördern.

Peer-Review-Systeme

Peer-Review-Systeme ermöglichen es den Teammitgliedern, sich gegenseitig Feedback zu geben, was die Zusammenarbeit und das gegenseitige Vertrauen stärkt.

- **Regelmäßige Peer-Reviews**: Implementieren Sie regelmäßige Peer-Reviews, bei denen die Teammitglieder die Arbeit ihrer Kollegen bewerten und konstruktives Feedback geben.

- **Klare Bewertungsrichtlinien**: Entwickeln Sie klare Richtlinien und Kriterien für die Peer-Reviews, um sicherzustellen, dass das Feedback objektiv und konstruktiv ist.

- **Feedback-Workshops**: Organisieren Sie Workshops, um die Teammitglieder in der Kunst des effektiven Feedbackgebens und -empfangens zu schulen.

Kontinuierliche Lernprozesse

Fortlaufende Weiterbildung und Schulungen

Kontinuierliche Weiterbildung und Schulungen sind entscheidend, um die Fähigkeiten und das Wissen der Teammitglieder zu erweitern und das Vertrauen zu stärken.

- **Regelmäßige Schulungsprogramme**: Planen Sie regelmäßige Schulungsprogramme zu verschiedenen Themen, die für das Team relevant sind. Diese Programme können sowohl fachliche als auch zwischenmenschliche Fähigkeiten abdecken.

- **E-Learning-Plattformen**: Nutzen Sie E-Learning-Plattformen, um den Teammitgliedern flexible und zugängliche Weiterbildungsmöglichkeiten zu bieten. Diese Plattformen ermöglichen es den Mitarbeitern, in ihrem eigenen Tempo zu lernen und ihre Fähigkeiten kontinuierlich zu verbessern.

- **Zertifizierungsprogramme**: Bieten Sie Zertifizierungsprogramme an, um die formale Anerkennung der erworbenen Fähigkeiten und Kenntnisse zu fördern.

Wissensaustausch und Best Practices

Der regelmäßige Austausch von Wissen und Best Practices fördert die kontinuierliche Verbesserung und stärkt das Vertrauen innerhalb des Teams.

- **Wissensaustausch-Sitzungen**: Organisieren Sie regelmäßige Sitzungen, in denen die Teammitglieder ihre Erfahrungen und Best Practices teilen. Diese Sitzungen können als informelle Treffen oder strukturierte Workshops gestaltet werden.

- **Dokumentation und Wissensmanagement**: Entwickeln Sie eine zentrale Wissensdatenbank, in der wichtige Informationen und Best Practices dokumentiert werden. Stellen Sie sicher, dass diese Datenbank für alle Teammitglieder leicht zugänglich ist.

- **Mentoring-Programme**: Fördern Sie den Wissensaustausch durch Mentoring-Programme, bei denen erfahrene Mitarbeiter ihr Wissen und ihre Erfahrungen mit weniger erfahrenen Kollegen teilen.

Kontinuierliche Verbesserungskultur

Eine Kultur der kontinuierlichen Verbesserung fördert das Engagement und die Motivation der Teammitglieder und stärkt das Vertrauen.

- **Kaizen-Prinzip**: Implementieren Sie das Kaizen-Prinzip, das auf der kontinuierlichen Verbesserung basiert. Ermutigen Sie die Teammitglieder, regelmäßig kleine Verbesserungen in ihren Arbeitsprozessen vorzuschlagen und umzusetzen.

- **Feedback-Integration**: Integrieren Sie das Feedback der Teammitglieder in die kontinuierlichen Verbesserungsprozesse. Zeigen Sie, dass das Feedback ernst genommen wird und zu konkreten Veränderungen führt.

- **Erfolg feiern**: Feiern Sie regelmäßig die Erfolge und Fortschritte des Teams. Anerkennung und Wertschätzung für die erreichten Verbesserungen stärken das Vertrauen und die Motivation der Teammitglieder.

Zusammenfassung von Kapitel 7

Messung von Vertrauen in virtuellen Teams

Regelmäßige Umfragen und Fragebögen, Feedback-Runden und Verhaltensbeobachtungen helfen, den aktuellen Vertrauensstand zu messen und Schwachstellen zu identifizieren.

Anwendung und Interpretation der Ergebnisse

Die gewonnenen Daten sollten analysiert und interpretiert werden, um Stärken und Schwächen zu erkennen. Daraus können gezielte Maßnahmen zur Vertrauensstärkung entwickelt werden.

Strategien zur regelmäßigen Evaluierung und Anpassung

1. **Regelmäßige Vertrauensumfragen:** Quartalsweise Umfragen helfen, Trends zu erkennen.

2. **Feedback-Runden:** Regelmäßige Meetings zur offenen Diskussion und Reflexion.

3. **Verhaltensbeobachtungen:** Beobachtung von Kommunikationsmustern und Engagement.

Feedbackmechanismen und kontinuierliche Lernprozesse

1. **Feedbackmechanismen:** Regelmäßige Feedback-Sitzungen, 360-Grad-Feedback und Peer-Reviews.

2. **Kontinuierliche Lernprozesse:** Fortlaufende Weiterbildung, Wissensaustausch und eine zentrale Wissensdatenbank.

3. **Kontinuierliche Verbesserungskultur:** Implementierung des Kaizen-Prinzips und Integration von regelmäßigem Feedback.

SCHLUSSFOLGERUNGEN

In diesem abschließenden Kapitel fassen wir die wichtigsten Erkenntnisse des Buchs zusammen, bieten einen Ausblick auf zukünftige Entwicklungen im Bereich der Vertrauensbildung in virtuellen Teams und schließen mit einem Schlusswort, das die wesentlichen Aspekte noch einmal hervorhebt. Die in diesem Buch behandelten Themen und Strategien bieten eine umfassende Grundlage, um das Vertrauen in virtuellen Teams zu verstehen, zu messen und kontinuierlich zu verbessern. Diese Schlussfolgerungen sollen Ihnen helfen, die gewonnenen Erkenntnisse in die Praxis umzusetzen und Ihr virtuelles Team erfolgreich zu führen.

Zunächst werden wir eine Zusammenfassung der wichtigsten Erkenntnisse präsentieren, die die zentralen Punkte und Einsichten aus jedem Kapitel des Buchs zusammenfasst. Diese Zusammenfassung bietet einen klaren Überblick über die theoretischen und praktischen Aspekte der Vertrauensbildung in virtuellen Teams.

Im Abschnitt Ausblick und zukünftige Entwicklungen werfen wir einen Blick auf die Trends und Veränderungen, die in der Zukunft zu erwarten sind. Dieser Ausblick hilft Ihnen, sich auf kommende Herausforderungen und Chancen vorzubereiten und Ihre Strategien entsprechend anzupassen.

Abschließend werden wir mit einem Schlusswort enden, das die wesentlichen Gedanken und Ermutigungen zur Umsetzung der gewonnenen Erkenntnisse zusammenfasst. Dieses Schlusswort soll Ihnen als Leitfaden und Motivation dienen, die besprochenen Strategien und Best Practices in Ihrem eigenen Team anzuwenden.

Zusammenfassung der wichtigsten Erkenntnisse

Dieses Buch hat eine umfassende Untersuchung der Vertrauensbildung in virtuellen Teams durchgeführt, indem es theoretische Grundlagen, praktische Ansätze und Fallstudien integriert hat. In diesem Abschnitt fassen wir die zentralen Erkenntnisse zusammen, die in den vorherigen Kapiteln vorgestellt wurden. Diese Zusammenfassung bietet einen klaren Überblick über die wichtigsten Punkte und Erkenntnisse, die Ihnen helfen sollen, das Vertrauen in Ihrem virtuellen Team zu stärken und die Zusammenarbeit zu verbessern.

Kapitel 1: Grundlagen der Vertrauensbildung

Im ersten Kapitel haben wir die Definition und Theorien des Vertrauens erörtert und seine Bedeutung in Teamdynamiken hervorgehoben. Vertrauen ist ein zentraler Faktor für die Leistung und Zufriedenheit von Teams. Wir haben die Unterschiede zwischen Vertrauen in physischen und virtuellen Teams beleuchtet und festgestellt, dass virtuelle Teams spezifische Herausforderungen, wie fehlende physische Präsenz und direkte Interaktionen, bewältigen müssen.

Kapitel 2: Virtuelle Teams – Ein Überblick

Dieses Kapitel gab eine umfassende Einführung in die Definition und Arten virtueller Teams sowie die technologischen Grundlagen, die #e Kommunikation und Zusammenarbeit unterstützen. Die Flexibilität und Globalität virtueller Teams bieten zahlreiche Vorteile, aber sie bringen auch Herausforderungen wie Kommunikationsbarrieren und kulturelle Unterschiede mit sich. Diese Aspekte erfordern spezielle Strategien, um effektiv zu managen.

Kapitel 3: Psychologische Aspekte der Vertrauensbildung

In Kapitel 3 haben wir die psychologischen Theorien zur Vertrauensbildung untersucht und die Faktoren identifiziert, die Vertrauen beeinflussen, einschließlich persönlicher, zwischenmenschlicher und kontextueller Faktoren. Besonders im virtuellen Kontext sind Strategien zur Überwindung von Distanz und Anonymität notwendig. Diese Strategien helfen, das Vertrauen zu stärken, indem sie persönliche Verbindungen und Verlässlichkeit fördern.

Kapitel 4: Kommunikation und Vertrauen

Die Rolle der Kommunikation bei der Vertrauensbildung war das zentrale Thema dieses Kapitels. Wir haben die Bedeutung klarer und offener Kommunikation hervorgehoben und verschiedene Kommunikationskanäle und -methoden analysiert. Synchrone und asynchrone Kommunikation sowie die Nutzung von Video, Audio und Text bieten unterschiedliche Vorteile und Herausforderungen. Strategien zur Verbesserung der virtuellen Kommunikation sind entscheidend, um Missverständnisse zu vermeiden und das Vertrauen zu stärken.

Kapitel 5: Praktische Ansätze zur Vertrauensbildung

Dieses Kapitel bot konkrete Ansätze zur Vertrauensbildung, einschließlich Team-Building-Aktivitäten, Führungs- und Managementstrategien sowie der Förderung kultureller Sensibilität und Diversität. Virtuelle Icebreaker und langfristige Team-Building-Strategien helfen, persönliche Bindungen zu stärken, während eine inklusive Teamkultur und kulturelle Sensibilität das Vertrauen fördern.

Kapitel 6: Fallstudien und Best Practices

Durch die Analyse erfolgreicher Fallstudien von Unternehmen wie Buffer, Automattic und GitLab haben wir bewährte Methoden und Strategien identifiziert, die zur Vertrauensbildung in virtuellen Teams beitragen. Diese

Fallstudien bieten praktische Einblicke und Lektionen, die auf andere Teams übertragen werden können. Best Practices und Empfehlungen helfen, die theoretischen Erkenntnisse in die Praxis umzusetzen.

Kapitel 7: Evaluierung und Weiterentwicklung

Im letzten Kapitel haben wir Methoden zur Messung von Vertrauen in virtuellen Teams vorgestellt und Strategien zur kontinuierlichen Verbesserung und Anpassung erörtert. Regelmäßige Evaluierung und gezielte Anpassungen sind entscheidend, um das Vertrauensniveau kontinuierlich zu verbessern. Effektive Feedbackmechanismen und kontinuierliche Lernprozesse fördern eine Kultur der ständigen Verbesserung und stärken das Vertrauen und die Zusammenarbeit im Team.

Ausblick und zukünftige Entwicklungen

In einer sich ständig weiterentwickelnden Arbeitswelt müssen sich virtuelle Teams kontinuierlich an neue Technologien und Arbeitsweisen anpassen. Die Zukunft der Vertrauensbildung in virtuellen Teams wird von verschiedenen Trends und Entwicklungen beeinflusst. In diesem Abschnitt werfen wir einen Blick auf einige dieser zukünftigen Trends und Entwicklungen, die das Vertrauen und die Zusammenarbeit in virtuellen Teams weiter prägen werden.

Technologische Fortschritte

Technologische Innovationen werden weiterhin eine zentrale Rolle in der Gestaltung virtueller Teams spielen. Fortschritte in den Bereichen künstliche Intelligenz (KI) und maschinelles Lernen (ML) bieten neue Möglichkeiten, die Kommunikation und Zusammenarbeit in virtuellen Teams zu verbessern.

1. **KI-gestützte Kommunikations-Tools:** Künstliche Intelligenz kann helfen, die Kommunikationsbarrieren in virtuellen Teams zu überwinden. KI-gestützte Tools könnten beispielsweise emotionale Stimmungen in Textnachrichten erkennen und kontextbasierte Unterstützung bieten, um Missverständnisse zu vermeiden. Diese Tools können auch personalisierte Kommunikationsvorschläge liefern, um die Effektivität der Interaktionen zu steigern.

2. **Virtuelle und erweiterte Realität (VR/AR):** VR- und AR-Technologien können immersive Erfahrungen schaffen, die es den Teammitgliedern ermöglichen, sich in einer virtuellen Umgebung zu treffen und zu interagieren, als wären sie physisch anwesend. Dies kann das Gefühl der Nähe und des Vertrauens in virtuellen Teams erheblich verbessern.

3. **Automatisierte Feedback-Systeme:** Maschinenlern-algorithmen können dabei helfen, kontinuierlich Feedback zu sammeln und zu analysieren. Diese Systeme können automatisch Muster und Trends im Feedback erkennen und Führungskräften dabei helfen, frühzeitig auf potenzielle Probleme zu reagieren.

Hybride Arbeitsmodelle

Mit der zunehmenden Verbreitung hybrider Arbeitsmodelle, die sowohl Remote- als auch Vor-Ort-Arbeit kombinieren, werden neue Herausforderungen und Chancen für die Vertrauensbildung entstehen.

4. **Integration von Remote- und Vor-Ort-Mitarbeitern:** In hybriden Teams müssen Führungskräfte sicherstellen, dass sowohl Remote- als auch Vor-Ort-Mitarbeiter gleichermaßen eingebunden und informiert sind. Dies erfordert klare Kommunikationsstrategien und regelmäßige Meetings, um sicherzustellen, dass alle Teammitglieder auf dem gleichen Stand sind.

5. **Flexibilität und Anpassungsfähigkeit:** Hybride Arbeitsmodelle erfordern flexible Arbeitszeiten und -orte. Führungskräfte müssen Vertrauen in die Autonomie ihrer Teammitglieder haben und gleichzeitig klare Erwartungen und Ziele setzen. Dies kann durch regelmäßige Check-ins und transparente Zielsetzungen unterstützt werden.

6. **Technologische Unterstützung:** Der Einsatz von Technologie wird entscheidend sein, um die Integration von Remote- und Vor-Ort-Mitarbeitern zu unterstützen. Tools für Videokonferenzen, Projektmanagement und gemeinsame Dokumentenbearbeitung müssen nahtlos funktionieren, um die Zusammenarbeit zu fördern.

Kulturelle Vielfalt und Inklusion

Die Globalisierung bringt zunehmend kulturelle Vielfalt in virtuelle Teams. Die Förderung von Inklusion und der Umgang mit kulturellen Unterschieden werden weiterhin zentral sein, um Vertrauen aufzubauen und aufrechtzuerhalten.

1. **Kulturelle Sensibilisierung**: Führungskräfte müssen sich der kulturellen Unterschiede bewusst sein und diese aktiv berücksichtigen. Schulungen zur kulturellen Sensibilität und regelmäßige Diskussionen über kulturelle Unterschiede können das Verständnis und das Vertrauen im Team stärken.

2. **Förderung einer inklusiven Kultur**: Inklusive Praktiken, wie die Anerkennung unterschiedlicher Feiertage und die Förderung einer vielfältigen und inklusiven Sprache, tragen zur Schaffung eines vertrauensvollen Umfelds bei. Teams sollten ermutigt werden, ihre unterschiedlichen Perspektiven und Hintergründe als Stärke zu nutzen.

3. **Gleichberechtigte Teilhabe**: Es ist wichtig sicherzustellen, dass alle Teammitglieder, unabhängig von ihrem kulturellen Hintergrund oder Standort, gleichberechtigt an Entscheidungsprozessen beteiligt sind. Dies kann durch transparente Entscheidungsfindungsprozesse und die aktive Einbeziehung aller Teammitglieder erreicht werden.

Wellbeing und Mental Health

Das Wohlbefinden und die mentale Gesundheit der Teammitglieder werden in virtuellen Arbeitsumgebungen immer wichtiger. Maßnahmen zur Unterstützung des Wohlbefindens können das Vertrauen stärken, indem sie zeigen, dass das Unternehmen sich um die Mitarbeiter kümmert.

1. **Förderung des Wohlbefindens**: Führungskräfte sollten Maßnahmen ergreifen, um das Wohlbefinden ihrer Teammitglieder aktiv zu fördern. Dies kann durch flexible Arbeitszeiten, Angebote zur Stressbewältigung und die Förderung einer gesunden Work-Life-Balance geschehen.

2. **Unterstützung bei mentaler Gesundheit**: Unternehmen sollten Ressourcen und Unterstützung für die mentale Gesundheit ihrer Mitarbeiter bereitstellen. Dies kann durch Zugang zu Beratungsdiensten, Schulungen zur Stressbewältigung und die Förderung einer offenen Kultur des Gesprächs über mentale Gesundheit geschehen.

3. **Regelmäßige Check-ins**: Regelmäßige Check-ins und Gespräche über das Wohlbefinden der Teammitglieder können dazu beitragen, frühzeitig Anzeichen von Stress oder Burnout zu erkennen und entsprechende Unterstützung zu bieten.

Schlusswort

Im Verlauf dieses Buchs haben wir die vielfältigen Facetten der Vertrauensbildung in virtuellen Teams untersucht und eine Vielzahl von theoretischen und praktischen Ansätzen vorgestellt. Als abschließendes Wort möchten wir die zentralen Gedanken und Ermutigungen zusammenfassen, die Sie auf Ihrem Weg zur erfolgreichen Vertrauensbildung in virtuellen Teams begleiten sollen. Vertrauen ist ein dynamischer Prozess, der kontinuierliche Aufmerksamkeit und Pflege erfordert, aber mit den richtigen Strategien und einer engagierten Haltung können Sie eine vertrauensvolle und effektive Teamkultur schaffen.

Zusammenfassung der zentralen Gedanken

Vertrauensbildung ist zentral für den Erfolg virtueller Teams: Vertrauen ist der Grundstein für jede erfolgreiche Teamdynamik, besonders in virtuellen Umgebungen, wo physische Interaktionen fehlen. Es beeinflusst die Kommunikation, die Zusammenarbeit und letztlich die Leistung des Teams.

Klarheit und Transparenz sind entscheidend: Offene und transparente Kommunikation ist ein Schlüssel zur Vertrauensbildung. Regelmäßige Updates, klare Erwartungen und offene Feedback-Kanäle schaffen ein Umfeld, in dem sich Teammitglieder sicher und wertgeschätzt fühlen.

Technologie als Enabler: Der effektive Einsatz von Technologie kann die Herausforderungen der virtuellen Zusammenarbeit mindern. Tools für Kommunikation, Zusammenarbeit und Feedback helfen, die Distanz zu überwinden und eine engere Verbindung zwischen den Teammitgliedern zu schaffen.

Kulturelle Sensibilität und Inklusion fördern das Vertrauen: In zunehmend globalen und vielfältigen Teams ist die Berücksichtigung kultureller Unterschiede und die Förderung einer inklusiven Kultur unerlässlich. Dies stärkt das Verständnis und die Zusammenarbeit im Team.

Kontinuierliche Evaluierung und Anpassung: Die regelmäßige Überprüfung des Vertrauensniveaus und die Anpassung der Strategien sind notwendig, um langfristig erfolgreich zu sein. Durch systematische Evaluierung und gezielte Maßnahmen können Sie das Vertrauen kontinuierlich verbessern.

Wohlbefinden und mentale Gesundheit sind wichtig: Die Unterstützung des Wohlbefindens und der mentalen Gesundheit der Teammitglieder ist entscheidend, um ein nachhaltiges und vertrauensvolles Arbeitsumfeld zu schaffen.

Ermutigung zur Umsetzung der Erkenntnisse

Die in diesem Buch vorgestellten Strategien und Best Practices bieten eine umfassende Grundlage, um das Vertrauen in Ihrem virtuellen Team zu stärken. Die Umsetzung dieser Erkenntnisse erfordert Engagement, Geduld und kontinuierliche Anstrengungen, aber die Ergebnisse lohnen sich. Ein vertrauensvolles Team ist nicht nur effektiver und produktiver, sondern auch zufriedener und engagierter.

Beginnen Sie mit kleinen Schritten, indem Sie zunächst einige der einfach umzusetzenden Maßnahmen ergreifen. Beispielsweise können regelmäßige Team-Check-ins und anonyme Feedback-Umfragen schnell implementiert werden und erste positive Effekte zeigen. Bauen Sie auf diesen ersten Erfolgen auf und entwickeln Sie Ihre Strategien weiter, um das Vertrauen kontinuierlich zu stärken.

Abschließende Gedanken

Die Gestaltung eines vertrauensvollen virtuellen Teams ist eine fortlaufende Reise, die ständige Aufmerksamkeit und Anpassung erfordert. Die Herausforderungen der virtuellen Zusammenarbeit können überwunden werden, wenn Sie die Prinzipien der Transparenz, offenen Kommunikation, kulturellen Sensibilität und kontinuierlichen Verbesserung konsequent anwenden.

Wir hoffen, dass dieses Buch Ihnen wertvolle Einblicke und praktische Werkzeuge an die Hand gegeben hat, um die Vertrauensbildung in Ihrem virtuellen Team zu fördern. Nutzen Sie die gewonnenen Erkenntnisse, um eine offene, unterstützende und vertrauensvolle Teamkultur zu schaffen. Mit Engagement und den richtigen Strategien können Sie die Herausforderungen der virtuellen Zusammenarbeit meistern und eine starke, kohäsive und erfolgreiche Teamdynamik entwickeln.

Vertrauen ist der Schlüssel zu erfolgreicher Zusammenarbeit – in der heutigen vernetzten Welt mehr denn je. Gehen Sie die nächsten Schritte mit Zuversicht und Engagement an, und schaffen Sie ein Umfeld, in dem Ihr virtuelles Team gedeihen kann.

Anhang

Im Anhang dieses Buchs finden Sie zusätzliche Ressourcen, die Ihnen helfen, die im Hauptteil besprochenen Konzepte und Strategien weiter zu vertiefen und praktisch anzuwenden. Der Anhang ist in drei Unterpunkte gegliedert: ein Glossar wichtiger Begriffe, eine Liste nützlicher Ressourcen und weiterführender Literatur sowie Vorlagen und Checklisten, die Ihnen bei der Umsetzung der gewonnenen Erkenntnisse in Ihrem virtuellen Team unterstützen sollen. Nutzen Sie diese Ressourcen, um Ihr Wissen zu erweitern und die Vertrauensbildung in Ihrem Team effektiv zu fördern.

Glossar wichtiger Begriffe

Die folgenden Begriffe bieten eine Grundlage für das Verständnis der im Buch behandelten Themen und unterstützen Sie dabei, die gewonnenen Erkenntnisse effektiv in Ihrem virtuellen Team anzuwenden.

Vertrauen: Vertrauen ist die Zuversicht in die Zuverlässigkeit und Integrität einer Person oder eines Systems. In Teams bezieht sich Vertrauen auf das Vertrauen der Mitglieder in die Fähigkeiten und Absichten ihrer Kollegen.

Virtuelles Team: Ein Team, dessen Mitglieder geografisch verteilt sind und hauptsächlich über digitale Kommunikationsmittel zusammenarbeiten.

Synchrone Kommunikation: Kommunikationsmethoden, die in Echtzeit stattfinden, wie z.B. Telefonanrufe, Videochats und Instant Messaging.

Asynchrone Kommunikation: Kommunikationsmethoden, die nicht in Echtzeit stattfinden, wie E-Mails, Foren und aufgezeichnete Videos.

Kulturelle Sensibilität: Das Bewusstsein und die Wertschätzung der kulturellen Unterschiede und Gemeinsamkeiten, die die Dynamik und Kommunikation in einem Team beeinflussen.

Feedback-Mechanismen: Strukturen und Prozesse, die es Teammitgliedern ermöglichen, regelmäßig Rückmeldungen zu ihrer Arbeit und Zusammenarbeit zu geben und zu erhalten.

Kontinuierliche Verbesserung: Ein fortlaufender Prozess, bei dem Teams regelmäßig ihre Arbeitsweise überprüfen und anpassen, um die Effizienz und Qualität zu steigern.

Team-Building-Aktivitäten: Maßnahmen und Veranstaltungen, die darauf abzielen, die Zusammenarbeit und den Zusammenhalt im Team zu fördern.

Künstliche Intelligenz (KI): Der Einsatz von Computern und Maschinen, um Aufgaben zu erledigen, die normalerweise menschliche Intelligenz erfordern, wie z.B. Spracherkennung, Entscheidungsfindung und Problemlösung.

Maschinelles Lernen (ML): Ein Teilgebiet der KI, bei dem Algorithmen aus Daten lernen und Vorhersagen oder Entscheidungen basierend auf dieser Lernkurve treffen.

Hybrides Arbeitsmodell: Ein Arbeitsmodell, das eine Mischung aus Remote- und Vor-Ort-Arbeit beinhaltet.

Soziale Netzwerkanalyse (SNA): Eine Methode zur Untersuchung sozialer Strukturen durch die Analyse von Netzwerken und Beziehungen zwischen Personen oder Organisationen.

360-Grad-Feedback: Eine Methode zur Leistungsbeurteilung, bei der Feedback von Kollegen, Vorgesetzten und Untergebenen gesammelt wird.

Work-Life-Balance: Das Verhältnis zwischen den Anforderungen des Berufs- und Privatlebens, das darauf abzielt, beide Bereiche in Einklang zu bringen.

Mentoring-Programm: Ein strukturiertes Programm, bei dem erfahrene Mitarbeiter (Mentoren) ihre Kenntnisse und Erfahrungen an weniger erfahrene Mitarbeiter (Mentees) weitergeben, um deren berufliche Entwicklung zu fördern.

Wissensaustausch: Der Prozess des Teilens von Wissen, Fähigkeiten und Erfahrungen zwischen Teammitgliedern, um das kollektive Wissen des Teams zu erweitern.

Verhaltensbeobachtungen: Die systematische Beobachtung und Analyse des Verhaltens von Teammitgliedern, um Einblicke in die Teamdynamik und das Vertrauensniveau zu gewinnen.

Anonyme Umfragen: Umfragen, bei denen die Identität der Teilnehmer anonym bleibt, um ehrliches und unvoreingenommenes Feedback zu fördern.

Reflexionssitzungen: Geplante Sitzungen, in denen Teammitglieder ihre Erfahrungen und Erkenntnisse zu bestimmten Themen oder Projekten besprechen, um daraus zu lernen und Verbesserungen abzuleiten.

Engagement-Software: Tools und Plattformen, die darauf abzielen, das Engagement und die Zufriedenheit der Mitarbeiter durch regelmäßige Umfragen und Analysen zu messen und zu fördern.

Ressourcen - Nützliche Links, Tools und weiterführende Literatur

In diesem Abschnitt finden Sie eine Auswahl nützlicher Links, Tools und weiterführender Literatur, die Ihnen helfen sollen, die im Buch behandelten Themen weiter zu vertiefen und praktisch anzuwenden. Die aufgeführten Ressourcen bieten wertvolle Unterstützung bei der Kommunikation, Kollaboration und dem Management von virtuellen Teams. Nutzen Sie diese Links und Tools, um Ihre Fähigkeiten zu erweitern und die Vertrauensbildung in Ihrem Team zu fördern.

Nützliche Links und Tools

Diese Links und Literaturtipps bieten Ihnen wertvolle Ressourcen, um die im Buch besprochenen Konzepte weiter zu vertiefen und praktisch anzuwenden.

Kommunikations- und Kollaborationstools

- **Slack**: Ein weit verbreitetes Kommunikationstool für Teams, das Echtzeit-Messaging, Dateifreigabe und Integrationen mit anderen Anwendungen bietet.

  - Website: https://slack.com/

- **Microsoft Teams**: Eine Plattform für Teamarbeit, die Chat, Videokonferenzen, Dateispeicherung und Anwendungsintegration umfasst.

  - Website: https://www.microsoft.com/en-us/microsoft-teams/group-chat-software

- **Zoom**: Ein führendes Tool für Videokonferenzen, Webinare und Online-Meetings.

  - Website: https://zoom.us/

- **Trello**: Ein visuelles Projektmanagement-Tool, das auf Boards, Listen und Karten basiert, um Aufgaben und Projekte zu organisieren.

  - Website: https://trello.com/

- **Asana**: Ein weiteres Projektmanagement-Tool, das Teams hilft, ihre Arbeit zu organisieren, zu verfolgen und zu verwalten.

  - Website: https://asana.com/

Feedback- und Umfragetools

- **SurveyMonkey**: Ein Tool zur Erstellung und Verteilung von Umfragen und zur Analyse der Ergebnisse.

  - Website: https://www.surveymonkey.com/

- **Google Forms**: Ein kostenloses Tool zur Erstellung von Umfragen, Tests und Formularen, das in Google Drive integriert ist.

  - Website: https://www.google.com/forms/about/

- **Officevibe**: Eine Plattform zur Messung und Steigerung des Mitarbeiterengagements durch regelmäßige Umfragen und Feedback.

  - Website: https://www.officevibe.com/

- **TINYpulse**: Ein Tool für Mitarbeiterfeedback und Engagement, das regelmäßige Pulse-Umfragen ermöglicht.

  - Website: https://www.tinypulse.com/

E-Learning- und Schulungsplattformen

- **Coursera**: Eine Online-Lernplattform, die Kurse, Zertifikate und Abschlüsse in verschiedenen Fächern anbietet.

  - Website: https://www.coursera.org/

- **Udemy**: Eine Online-Lernplattform mit Kursen zu einer Vielzahl von Themen, einschließlich beruflicher Fähigkeiten und persönlicher Entwicklung.

  - Website: https://www.udemy.com/

- **LinkedIn Learning**: Eine Plattform, die Online-Kurse zur beruflichen Weiterentwicklung und zu verschiedenen Themen anbietet.

  - Website: https://www.linkedin.com/learning/

- **edX**: Eine weitere Online-Lernplattform, die Kurse von führenden Universitäten und Institutionen anbietet.

  - Website: https://www.edx.org/

Tools für soziale Netzwerkanalyse

- **Gephi**: Eine Open-Source-Software zur Visualisierung und Analyse von Netzwerken und komplexen Systemen.

  - Website: https://gephi.org/

- **NodeXL**: Ein Excel-Add-In zur Visualisierung und Analyse von Netzwerken.

  - Website: https://nodexl.codeplex.com/

Weiterführende Literatur

Trust in Virtual Teams: Organization, Strategies and Assurance for Successful Projects" von Thomas P. Wise

⇒ Dieses Buch bietet Einblicke in die Strategien und Methoden zur Vertrauensbildung in virtuellen Teams und stellt praktische Ansätze für den Erfolg vor.

Virtual Teams: Mastering Communication and Collaboration in the Digital Age" von Terri R. Kurzberg

⇒ Dieses Buch beleuchtet die Herausforderungen und Best Practices der Kommunikation und Zusammenarbeit in virtuellen Teams.

The Culture Map: Breaking Through the Invisible Boundaries of Global Business" von Erin Meyer

⇒ Dieses Buch bietet wertvolle Einsichten in den Umgang mit kulturellen Unterschieden in globalen Teams und zeigt, wie kulturelle Sensibilität die Zusammenarbeit und das Vertrauen fördern kann.

Vorlagen und Checkliste

Um Ihnen die Umsetzung der im Buch vorgestellten Strategien und Best Practices zu erleichtern, bieten wir Ihnen hier eine Auswahl an Vorlagen und Checklisten. Diese praktischen Hilfsmittel sollen Ihnen helfen, die Vertrauensbildung und Zusammenarbeit in Ihrem virtuellen Team strukturiert und effizient zu gestalten. Nutzen Sie diese Vorlagen und Checklisten als Leitfaden, um die theoretischen Konzepte in die Praxis umzusetzen und den Erfolg Ihres Teams zu fördern.

Vorlage 1: Vertrauensumfrage

Eine regelmäßige Vertrauensumfrage ist ein effektives Instrument, um das Vertrauensniveau in Ihrem virtuellen Team zu messen und wertvolles Feedback zu erhalten. Diese Vorlage bietet eine umfassende Struktur für eine anonyme Umfrage, die verschiedene Aspekte des Vertrauens im Team abdeckt. Nutzen Sie diese Umfrage, um Einblicke in die Vertrauensdynamik Ihres Teams zu gewinnen und gezielte Maßnahmen zur Verbesserung zu entwickeln.

Anleitung: Diese Umfrage ist anonym und vertraulich. Ihre ehrlichen Antworten sind wichtig, um das Vertrauensniveau in unserem Team zu verstehen und zu verbessern. Bitte nehmen Sie sich Zeit, jede Frage sorgfältig zu beantworten.

Teil 1: Allgemeine Fragen

1. **Wie lange sind Sie bereits Teil unseres Teams?**

   o Weniger als 6 Monate

   o 6 Monate bis 1 Jahr

   o 1 bis 3 Jahre

   o Mehr als 3 Jahre

2. **Wie häufig arbeiten Sie in direkter Zusammenarbeit mit anderen Teammitgliedern?**

   o Täglich

   o Mehrmals pro Woche

o   Wöchentlich

o   Selten

Teil 2: Vertrauen in die Teamkollegen

3. **Wie sehr stimmen Sie der folgenden Aussage zu: "Ich vertraue darauf, dass meine Kollegen ihre Aufgaben zuverlässig und termingerecht erledigen."**

    o   Stimme voll und ganz zu

    o   Stimme zu

    o   Weder noch

    o   Stimme nicht zu

    o   Stimme überhaupt nicht zu

4. **Wie sehr stimmen Sie der folgenden Aussage zu: "Meine Kollegen halten sich an Absprachen und Vereinbarungen."**

    o   Stimme voll und ganz zu

    o   Stimme zu

    o   Weder noch

    o   Stimme nicht zu

    o   Stimme überhaupt nicht zu

5. Wie sehr stimmen Sie der folgenden Aussage zu: "Ich kann mich darauf verlassen, dass meine Kollegen ehrlich und transparent kommunizieren."

    o   Stimme voll und ganz zu

    o   Stimme zu

    o   Weder noch

    o   Stimme nicht zu

    o   Stimme überhaupt nicht zu

Teil 3: Vertrauen in die Führung

6. Wie sehr stimmen Sie der folgenden Aussage zu: "Unsere Führungskräfte kommunizieren klar und transparent."

    o   Stimme voll und ganz zu

    o   Stimme zu

    o   Weder noch

    o   Stimme nicht zu

    o   Stimme überhaupt nicht zu

7. Wie sehr stimmen Sie der folgenden Aussage zu: "Unsere Führungskräfte sind vertrauenswürdig und handeln im besten Interesse des Teams."

    o   Stimme voll und ganz zu

- ○ Stimme zu

- ○ Weder noch

- ○ Stimme nicht zu

- ○ Stimme überhaupt nicht zu

8. **Wie sehr stimmen Sie der folgenden Aussage zu: "Unsere Führungskräfte unterstützen die persönliche und berufliche Entwicklung der Teammitglieder."**

  - ○ Stimme voll und ganz zu

  - ○ Stimme zu

  - ○ Weder noch

  - ○ Stimme nicht zu

  - ○ Stimme überhaupt nicht zu

Teil 4: Teamkultur und Zusammenarbeit

9. **Wie sehr stimmen Sie der folgenden Aussage zu: "In unserem Team wird offenes und konstruktives Feedback geschätzt und gefördert."**

  - ○ Stimme voll und ganz zu

  - ○ Stimme zu

  - ○ Weder noch

o Stimme nicht zu

o Stimme überhaupt nicht zu

10. **Wie sehr stimmen Sie der folgenden Aussage zu: "Unser Team fördert eine Kultur der Inklusion und des Respekts."**

o Stimme voll und ganz zu

o Stimme zu

o Weder noch

o Stimme nicht zu

o Stimme überhaupt nicht zu

11. **Wie sehr stimmen Sie der folgenden Aussage zu: "Unser Team arbeitet effektiv zusammen, um gemeinsame Ziele zu erreichen."**

o Stimme voll und ganz zu

o Stimme zu

o Weder noch

o Stimme nicht zu

o Stimme überhaupt nicht zu

Teil 5: Offene Fragen

12. **Was läuft in unserem Team gut in Bezug auf Vertrauen und Zusammenarbeit?**

    o *[Freitextfeld]*

13. **Welche Bereiche könnten in Bezug auf Vertrauen und Zusammenarbeit verbessert werden?**

    o *[Freitextfeld]*

14. **Haben Sie Vorschläge oder Ideen, wie wir das Vertrauen in unserem Team weiter stärken können?**

    o *[Freitextfeld]*

Abschluss:

Vielen Dank, dass Sie sich die Zeit genommen haben, diese Umfrage auszufüllen. Ihr Feedback ist für uns von großer Bedeutung und hilft uns, das Vertrauen und die Zusammenarbeit in unserem Team kontinuierlich zu verbessern.

Vorlage 2: 360-Grad-Feedback-Formular

Das 360-Grad-Feedback ist ein umfassendes Bewertungsinstrument, das Feedback von verschiedenen Perspektiven – Kollegen, Vorgesetzten und Untergebenen – einholt. Dieses Feedback bietet eine ganzheitliche Sicht auf die Leistung und das Verhalten der Teammitglieder und hilft dabei, Stärken und Verbesserungsbereiche zu identifizieren. Nutzen Sie diese Vorlage, um systematisches und konstruktives Feedback zu sammeln und die persönliche sowie berufliche Entwicklung der Teammitglieder zu fördern.

Anleitung: Diese Feedback-Umfrage ist vertraulich. Ihre ehrlichen und konstruktiven Antworten sind wichtig, um eine vollständige Bewertung zu ermöglichen. Bitte nehmen Sie sich Zeit, jede Frage sorgfältig zu beantworten.

Teil 1: Selbstbewertung

1. **Wie bewerten Sie Ihre Fähigkeit, Ihre Aufgaben zuverlässig und termingerecht zu erledigen?**

   o Hervorragend

   o Gut

   o Durchschnittlich

   o Verbesserungswürdig

   o Schwach

2. **Wie gut halten Sie sich an Absprachen und Vereinbarungen?**

   o   Hervorragend

   o   Gut

   o   Durchschnittlich

   o   Verbesserungswürdig

   o   Schwach

3. **Wie beurteilen Sie Ihre Fähigkeit, ehrlich und transparent zu kommunizieren?**

   o   Hervorragend

   o   Gut

   o   Durchschnittlich

   o   Verbesserungswürdig

   o   Schwach

Teil 2: Feedback von Kollegen

4. **Wie bewerten Sie die Fähigkeit dieser Person, ihre Aufgaben zuverlässig und termingerecht zu erledigen?**

   o   Hervorragend

   o   Gut

   o   Durchschnittlich

- o Verbesserungswürdig

- o Schwach

5. **Wie gut hält sich diese Person an Absprachen und Vereinbarungen?**

  - o Hervorragend

  - o Gut

  - o Durchschnittlich

  - o Verbesserungswürdig

  - o Schwach

6. **Wie beurteilen Sie die Fähigkeit dieser Person, ehrlich und transparent zu kommunizieren?**

  - o Hervorragend

  - o Gut

  - o Durchschnittlich

  - o Verbesserungswürdig

  - o Schwach

Teil 3: Feedback von Vorgesetzten

7. **Wie bewerten Sie die Fähigkeit dieser Person, ihre Aufgaben zuverlässig und termingerecht zu erledigen?**

    o   Hervorragend

    o   Gut

    o   Durchschnittlich

    o   Verbesserungswürdig

    o   Schwach

8. **Wie gut hält sich diese Person an Absprachen und Vereinbarungen?**

    o   Hervorragend

    o   Gut

    o   Durchschnittlich

    o   Verbesserungswürdig

    o   Schwach

9. **Wie beurteilen Sie die Fähigkeit dieser Person, ehrlich und transparent zu kommunizieren?**

    o   Hervorragend

    o   Gut

- o Durchschnittlich

- o Verbesserungswürdig

- o Schwach

10. **Wie bewerten Sie die Führungs- und Managementfähigkeiten dieser Person?**

- o Hervorragend

- o Gut

- o Durchschnittlich

- o Verbesserungswürdig

- o Schwach

Teil 4: Feedback von Untergebenen

11. **Wie bewerten Sie die Fähigkeit dieser Person, ihre Aufgaben zuverlässig und termingerecht zu erledigen?**

- o Hervorragend

- o Gut

- o Durchschnittlich

- o Verbesserungswürdig

- o Schwach

12. **Wie gut hält sich diese Person an Absprachen und Vereinbarungen?**

    o   Hervorragend

    o   Gut

    o   Durchschnittlich

    o   Verbesserungswürdig

    o   Schwach

13. **Wie beurteilen Sie die Fähigkeit dieser Person, ehrlich und transparent zu kommunizieren?**

    o   Hervorragend

    o   Gut

    o   Durchschnittlich

    o   Verbesserungswürdig

    o   Schwach

14. **Wie bewerten Sie die Fähigkeit dieser Person, Unterstützung und Führung zu bieten?**

    o   Hervorragend

    o   Gut

    o   Durchschnittlich

o   Verbesserungswürdig

o   Schwach

Teil 5: Stärken und Verbesserungsbereiche

15. Welche Stärken sehen Sie bei dieser Person?

o   *[Freitextfeld]*

16. In welchen Bereichen könnte sich diese Person verbessern?

o   *[Freitextfeld]*

17. Gibt es spezifische Situationen, in denen diese Person besonders positiv aufgefallen ist?

o   *[Freitextfeld]*

18. Gibt es spezifische Situationen, in denen diese Person Schwierigkeiten hatte?

o   *[Freitextfeld]*

Teil 6: Gesamteindruck und Empfehlungen

19. Wie bewerten Sie die Gesamtleistung dieser Person auf einer Skala von 1 bis 5?

o   5 - Hervorragend

o   4 - Gut

o   3 - Durchschnittlich

o   2 - Verbesserungswürdig

o   1 - Schwach

20. **Haben Sie Empfehlungen für diese Person zur Verbesserung ihrer Leistung und ihres Verhaltens?**

o   *[Freitextfeld]*

21. **Haben Sie Vorschläge, wie das Unternehmen diese Person in ihrer beruflichen Entwicklung unterstützen kann?**

o   *[Freitextfeld]*

Abschluss:

Vielen Dank, dass Sie sich die Zeit genommen haben, dieses Feedback-Formular auszufüllen. Ihre Rückmeldungen sind wertvoll und helfen uns, eine umfassende und ausgewogene Bewertung zu erstellen.

Vorlage 3: Umfrage zur Teamkommunikation

Eine effektive Kommunikation ist entscheidend für den Erfolg von virtuellen Teams. Diese Umfrage soll helfen, die Kommunikationsprozesse und -praktiken innerhalb Ihres Teams zu bewerten und Verbesserungsbereiche zu identifizieren.

Anleitung:

Diese Umfrage ist anonym und vertraulich. Ihre ehrlichen Antworten sind wichtig, um die Kommunikation in unserem Team zu verstehen und zu verbessern. Bitte nehmen Sie sich Zeit, jede Frage sorgfältig zu beantworten.

Teil 1: Allgemeine Fragen

1. Wie häufig kommunizieren Sie mit anderen Teammitgliedern?
   - o Täglich
   - o Mehrmals pro Woche
   - o Wöchentlich
   - o Seltener
2. Welche Kommunikationskanäle nutzen Sie hauptsächlich für die Teamkommunikation? (Mehrfachauswahl möglich)
   - o E-Mail
   - o Chat (z.B. Slack, Microsoft Teams)
   - o Videokonferenzen (z.B. Zoom, Google Meet)
   - o Telefon
   - o Projektmanagement-Tools (z.B. Asana, Trello)

Teil 2: Zufriedenheit mit der Kommunikation

3. Wie zufrieden sind Sie mit der Häufigkeit der Kommunikation in unserem Team?
    - o Sehr zufrieden
    - o Zufrieden
    - o Weder noch
    - o Unzufrieden
    - o Sehr unzufrieden
4. Wie zufrieden sind Sie mit der Klarheit der Informationen, die Sie über die Kommunikationskanäle erhalten?
    - o Sehr zufrieden
    - o Zufrieden
    - o Weder noch
    - o Unzufrieden
    - o Sehr unzufrieden
5. Wie zufrieden sind Sie mit der Reaktionszeit Ihrer Kollegen auf Kommunikationsanfragen?
    - o Sehr zufrieden
    - o Zufrieden
    - o Weder noch
    - o Unzufrieden
    - o, Sehr unzufrieden

Teil 3: Effektivität der Kommunikationskanäle

6. Wie bewerten Sie die Effektivität der folgenden Kommunikationskanäle für die Zusammenarbeit im Team?
    - o E-Mail: Sehr effektiv / Effektiv / Weder noch / Wenig effektiv / Überhaupt nicht effektiv
    - o Chat: Sehr effektiv / Effektiv / Weder noch / Wenig effektiv / Überhaupt nicht effektiv

- Videokonferenzen: Sehr effektiv / Effektiv / Weder noch / Wenig effektiv / Überhaupt nicht effektiv
- Telefon: Sehr effektiv / Effektiv / Weder noch / Wenig effektiv / Überhaupt nicht effektiv
- Projektmanagement-Tools: Sehr effektiv / Effektiv / Weder noch / Wenig effektiv / Überhaupt nicht effektiv

Teil 4: Verbesserungsbereiche

7. Welche Herausforderungen erleben Sie bei der Kommunikation in unserem Team?
    - [Freitextfeld]
8. Welche Vorschläge haben Sie, um die Kommunikation in unserem Team zu verbessern?
    - [Freitextfeld]

Teil 5: Offene Fragen

9. Was läuft in Bezug auf die Kommunikation in unserem Team gut?
    - [Freitextfeld]
10. Welche zusätzlichen Kommunikationskanäle oder Tools würden Sie für nützlich halten?
    - [Freitextfeld]

Abschluss:

Vielen Dank, dass Sie sich die Zeit genommen haben, diese Umfrage auszufüllen. Ihr Feedback ist für uns von großer Bedeutung und hilft uns, die Kommunikation und Zusammenarbeit in unserem Team kontinuierlich zu verbessern.

Vorlage 4: Umfrage zur Teamkultur und Zusammenarbeit

Eine positive Teamkultur und effektive Zusammenarbeit sind entscheidend für den Erfolg von virtuellen Teams. Diese Umfrage soll helfen, die Teamkultur und die Zusammenarbeit innerhalb Ihres Teams zu bewerten und Verbesserungsbereiche zu identifizieren.

Anleitung:

Diese Umfrage ist anonym und vertraulich. Ihre ehrlichen Antworten sind wichtig, um die Teamkultur und Zusammenarbeit in unserem Team zu verstehen und zu verbessern. Bitte nehmen Sie sich Zeit, jede Frage sorgfältig zu beantworten.

Teil 1: Allgemeine Fragen

1. Wie lange sind Sie bereits Teil unseres Teams?
   - o Weniger als 6 Monate
   - o 6 Monate bis 1 Jahr
   - o 1 bis 3 Jahre
   - o Mehr als 3 Jahre
2. Wie häufig arbeiten Sie in direkter Zusammenarbeit mit anderen Teammitgliedern?
   - o Täglich
   - o Mehrmals pro Woche
   - o Wöchentlich
   - o Seltener

Teil 2: Zufriedenheit mit der Teamkultur

3. Wie sehr stimmen Sie der folgenden Aussage zu: "In unserem Team wird offenes und konstruktives Feedback geschätzt und gefördert."
   - ○ Stimme voll und ganz zu
   - ○ Stimme zu
   - ○ Weder noch
   - ○ Stimme nicht zu
   - ○ Stimme überhaupt nicht zu
4. Wie sehr stimmen Sie der folgenden Aussage zu: "Unser Team fördert eine Kultur der Inklusion und des Respekts."
   - ○ Stimme voll und ganz zu
   - ○ Stimme zu
   - ○ Weder noch
   - ○ Stimme nicht zu
   - ○ Stimme überhaupt nicht zu
5. Wie sehr stimmen Sie der folgenden Aussage zu: "Unser Team arbeitet effektiv zusammen, um gemeinsame Ziele zu erreichen."
   - ○ Stimme voll und ganz zu
   - ○ Stimme zu
   - ○ Weder noch
   - ○ Stimme nicht zu
   - ○ Stimme überhaupt nicht zu

Teil 3: Zusammenarbeit im Team

6. Wie bewerten Sie die Zusammenarbeit in unserem Team?
   - ○ Sehr gut
   - ○ Gut
   - ○ Weder gut noch schlecht
   - ○ Schlecht

     ○ Sehr schlecht

7. Wie gut sind die Rollen und Verantwortlichkeiten innerhalb des Teams definiert?

     ○ Sehr gut
     ○ Gut
     ○ Weder gut noch schlecht
     ○ Schlecht
     ○ Sehr schlecht

8. Wie bewerten Sie das Engagement der Teammitglieder bei der Zusammenarbeit an gemeinsamen Projekten?

     ○ Sehr engagiert
     ○ Engagiert
     ○ Weder engagiert noch unengagiert
     ○ Wenig engagiert
     ○ Überhaupt nicht engagiert

Teil 4: Verbesserungsbereiche

9. Welche Herausforderungen erleben Sie bei der Zusammenarbeit in unserem Team?

     ○ [Freitextfeld]

10. Welche Vorschläge haben Sie, um die Teamkultur und Zusammenarbeit zu verbessern?

     ○ [Freitextfeld]

Teil 5: Offene Fragen

11. Was läuft in Bezug auf die Teamkultur und Zusammenarbeit in unserem Team gut?

     ○ [Freitextfeld]

12. Welche zusätzlichen Maßnahmen würden Sie für nützlich halten, um die Teamkultur und Zusammenarbeit zu verbessern?

     ○ [Freitextfeld]

Abschluss:

Vielen Dank, dass Sie sich die Zeit genommen haben, diese Umfrage auszufüllen. Ihr Feedback ist für uns von großer Bedeutung und hilft uns, die Teamkultur und Zusammenarbeit in unserem Team kontinuierlich zu verbessern.

Vorlage 5: Umfrage zur Führung und Unterstützung durch Vorgesetzte

Die Rolle der Führungskräfte ist entscheidend für das Vertrauen und die Zusammenarbeit in virtuellen Teams. Diese Umfrage soll helfen, die Führung und Unterstützung durch Vorgesetzte innerhalb Ihres Teams zu bewerten und Verbesserungsbereiche zu identifizieren.

Anleitung:

Diese Umfrage ist anonym und vertraulich. Ihre ehrlichen Antworten sind wichtig, um die Führung und Unterstützung in unserem Team zu verstehen und zu verbessern. Bitte nehmen Sie sich Zeit, jede Frage sorgfältig zu beantworten.

Teil 1: Allgemeine Fragen

1. Wie lange arbeiten Sie bereits unter der aktuellen Führung?
   - o Weniger als 6 Monate
   - o 6 Monate bis 1 Jahr
   - o 1 bis 3 Jahre
   - o Mehr als 3 Jahre
2. Wie häufig haben Sie direkten Kontakt zu Ihrer Führungskraft?
   - o Täglich
   - o Mehrmals pro Woche
   - o Wöchentlich
   - o Seltener

Teil 2: Zufriedenheit mit der Führung

3. Wie sehr stimmen Sie der folgenden Aussage zu: "Meine Führungskraft kommuniziert klar und transparent."
   - ○ Stimme voll und ganz zu
   - ○ Stimme zu
   - ○ Weder noch
   - ○ Stimme nicht zu
   - ○ Stimme überhaupt nicht zu
4. Wie sehr stimmen Sie der folgenden Aussage zu: "Meine Führungskraft ist vertrauenswürdig und handelt im besten Interesse des Teams."
   - ○ Stimme voll und ganz zu
   - ○ Stimme zu
   - ○ Weder noch
   - ○ Stimme nicht zu
   - ○ Stimme überhaupt nicht zu
5. Wie sehr stimmen Sie der folgenden Aussage zu: "Meine Führungskraft unterstützt meine persönliche und berufliche Entwicklung."
   - ○ Stimme voll und ganz zu
   - ○ Stimme zu
   - ○ Weder noch
   - ○ Stimme nicht zu
   - ○ Stimme überhaupt nicht zu

Teil 3: Unterstützung durch die Führungskraft

6. Wie bewerten Sie die Zugänglichkeit Ihrer Führungskraft für Fragen und Anliegen?
   - ○ Sehr gut
   - ○ Gut

- o Weder gut noch schlecht
- o Schlecht
- o Sehr schlecht

7. Wie gut unterstützt Ihre Führungskraft die Teamarbeit und Zusammenarbeit?
    - o Sehr gut
    - o Gut
    - o Weder gut noch schlecht
    - o Schlecht
    - o Sehr schlecht

8. Wie gut werden Ihre Ideen und Vorschläge von Ihrer Führungskraft berücksichtigt?
    - o Sehr gut
    - o Gut
    - o Weder gut noch schlecht
    - o Schlecht
    - o Sehr schlecht

Teil 4: Verbesserungsbereiche

9. Welche Herausforderungen erleben Sie in Bezug auf die Führung und Unterstützung durch Ihre Führungskraft?
    - o [Freitextfeld]

10. Welche Vorschläge haben Sie, um die Führung und Unterstützung zu verbessern?
    - o [Freitextfeld]

Teil 5: Offene Fragen

11. Was läuft in Bezug auf die Führung und Unterstützung durch Ihre Führungskraft gut?
    - o [Freitextfeld]

12. Welche zusätzlichen Maßnahmen würden Sie für nützlich halten, um die Führung und Unterstützung zu verbessern?
    o [Freitextfeld]

Abschluss:

Vielen Dank, dass Sie sich die Zeit genommen haben, diese Umfrage auszufüllen. Ihr Feedback ist für uns von großer Bedeutung und hilft uns, die Führung und Unterstützung in unserem Team kontinuierlich zu verbessern.

Vorlage 6: Umfrage zur Mitarbeitereinbindung

Die Einbindung der Mitarbeiter ist entscheidend, um Engagement und Motivation in virtuellen Teams zu fördern. Diese Umfrage soll helfen, die Mitarbeitereinbindung innerhalb Ihres Teams zu bewerten und Verbesserungsbereiche zu identifizieren.

Anleitung:

Diese Umfrage ist anonym und vertraulich. Ihre ehrlichen Antworten sind wichtig, um die Mitarbeitereinbindung in unserem Team zu verstehen und zu verbessern. Bitte nehmen Sie sich Zeit, jede Frage sorgfältig zu beantworten.

Teil 1: Allgemeine Fragen

1. Wie lange sind Sie bereits Teil unseres Teams?
   - o   Weniger als 6 Monate
   - o   6 Monate bis 1 Jahr
   - o   1 bis 3 Jahre
   - o   Mehr als 3 Jahre
2. Wie häufig arbeiten Sie in direkter Zusammenarbeit mit anderen Teammitgliedern?
   - o   Täglich
   - o   Mehrmals pro Woche
   - o   Wöchentlich
   - o   Seltener

Teil 2: Zufriedenheit mit der Einbindung

3. Wie sehr stimmen Sie der folgenden Aussage zu: "Ich fühle mich in Entscheidungsprozesse unseres Teams einbezogen."
    - o Stimme voll und ganz zu
    - o Stimme zu
    - o Weder noch
    - o Stimme nicht zu
    - o Stimme überhaupt nicht zu

4. Wie sehr stimmen Sie der folgenden Aussage zu: "Meine Ideen und Vorschläge werden im Team ernst genommen und berücksichtigt."
    - o Stimme voll und ganz zu
    - o Stimme zu
    - o Weder noch
    - o Stimme nicht zu
    - o Stimme überhaupt nicht zu

5. Wie sehr stimmen Sie der folgenden Aussage zu: "Ich fühle mich als wertvoller Teil des Teams."
    - o Stimme voll und ganz zu
    - o Stimme zu
    - o Weder noch
    - o Stimme nicht zu
    - o Stimme überhaupt nicht zu

Teil 3: Unterstützung und Entwicklung

6. Wie zufrieden sind Sie mit den Möglichkeiten zur beruflichen Entwicklung in unserem Team?
    - o Sehr zufrieden
    - o Zufrieden
    - o Weder noch

- o Unzufrieden
- o Sehr unzufrieden

7. Wie gut unterstützt das Team Ihre berufliche Entwicklung und Weiterbildung?
    - o Sehr gut
    - o Gut
    - o Weder gut noch schlecht
    - o Schlecht
    - o Sehr schlecht

8. Wie bewerten Sie die Unterstützung durch Ihre Führungskraft bei Ihrer persönlichen und beruflichen Entwicklung?
    - o Sehr gut
    - o Gut
    - o Weder gut noch schlecht
    - o Schlecht
    - o Sehr schlecht

Teil 4: Verbesserungsbereiche

9. Welche Herausforderungen erleben Sie in Bezug auf Ihre Einbindung und berufliche Entwicklung im Team?
    - o [Freitextfeld]

10. Welche Vorschläge haben Sie, um die Mitarbeitereinbindung und berufliche Entwicklung zu verbessern?
    - o [Freitextfeld]

Teil 5: Offene Fragen

11. Was läuft in Bezug auf die Mitarbeitereinbindung und berufliche Entwicklung in unserem Team gut?
    - o [Freitextfeld]

12. Welche zusätzlichen Maßnahmen würden Sie für nützlich halten, um die Mitarbeitereinbindung und berufliche Entwicklung zu verbessern?
    o [Freitextfeld]

Abschluss:

Vielen Dank, dass Sie sich die Zeit genommen haben, diese Umfrage auszufüllen. Ihr Feedback ist für uns von großer Bedeutung und hilft uns, die Mitarbeitereinbindung und berufliche Entwicklung in unserem Team kontinuierlich zu verbessern.

Checkliste 1: Einführung von Vertrauensbildungsmaßnahmen

Eine systematische Einführung von Vertrauensbildungsmaßnahmen ist entscheidend, um das Vertrauen in Ihrem virtuellen Team zu stärken und aufrechtzuerhalten. Diese Checkliste bietet eine detaillierte Anleitung, um sicherzustellen, dass alle wichtigen Schritte berücksichtigt werden.

1. **Aktuellen Vertrauensstand bewerten**

    o   Führen Sie eine initiale Vertrauensumfrage durch.

    o   Analysieren Sie die Ergebnisse, um Stärken und Schwächen zu identifizieren.

    o   Dokumentieren Sie den aktuellen Vertrauensstand als Ausgangspunkt.

2. **Ziele und Erwartungen setzen**

    o   Definieren Sie klare Ziele für die Vertrauensbildung.

    o   Kommunizieren Sie diese Ziele an das gesamte Team.

    o   Setzen Sie realistische Erwartungen hinsichtlich der Zeit und des Engagements, die erforderlich sind, um Vertrauen zu stärken.

3. **Regelmäßige Feedback-Sitzungen planen**

    o   Planen Sie monatliche Feedback-Sitzungen.

- o Verwenden Sie strukturierte Methoden wie das "Start-Stop-Continue"-Modell.

- o Stellen Sie sicher, dass alle Teammitglieder die Möglichkeit haben, ihre Meinungen zu äußern.

4. **Team-Building-Aktivitäten organisieren**

- o Planen Sie regelmäßige virtuelle Team-Building-Aktivitäten (z.B. Icebreaker, Online-Spiele).

- o Organisieren Sie persönliche Retreats, wenn möglich.

- o Stellen Sie sicher, dass Aktivitäten inklusiv und für alle Teammitglieder zugänglich sind.

5. **Offene und transparente Kommunikation fördern**

- o Etablieren Sie regelmäßige All-Hands-Meetings und Updates.

- o Verwenden Sie asynchrone Kommunikationsmittel für Transparenz.

- o Fördern Sie eine Kultur der offenen Kommunikation und Ehrlichkeit.

6. **Führungskräfte schulen**

- o Bieten Sie Schulungen zur vertrauensvollen Führung an.

- o Entwickeln Sie Fähigkeiten in der transparenten Kommunikation und der Förderung von Teamautonomie.

- o Unterstützen Sie Führungskräfte bei der regelmäßigen Feedback-Integration.

7. **Kontinuierliche Evaluierung**

- o Planen Sie vierteljährliche Vertrauensumfragen.

- o Analysieren Sie regelmäßig die Fortschritte und passen Sie Maßnahmen an.

- o Dokumentieren Sie die Veränderungen und Erfolge, um den Fortschritt nachvollziehen zu können.

8. **Kulturelle Sensibilität fördern**

- o Führen Sie Schulungen zur kulturellen Sensibilität durch.

- o Implementieren Sie Praktiken, die kulturelle Unterschiede berücksichtigen und respektieren.

- o Fördern Sie eine inklusive und respektvolle Teamkultur.

9. **Mentoring-Programme einführen**

- o Entwickeln Sie Mentoring-Programme, um den Wissensaustausch zu fördern.

- o Paaren Sie neue Teammitglieder mit erfahrenen Kollegen.

- o Stellen Sie sicher, dass Mentoren regelmäßig Feedback geben und erhalten.

10. Ressourcen und Unterstützung bereitstellen

- o Stellen Sie sicher, dass alle Teammitglieder Zugang zu den notwendigen Ressourcen haben.

- o Bieten Sie regelmäßige Schulungen und Weiterbildungsprogramme an.

- o Unterstützen Sie das Wohlbefinden und die mentale Gesundheit der Teammitglieder.

Checkliste 2: Implementierung von Kommunikationstools

Die richtigen Kommunikationstools sind entscheidend für die Effizienz und das Vertrauen in virtuellen Teams. Diese Checkliste bietet eine detaillierte Anleitung zur Auswahl und Implementierung der besten Tools für Ihr Team.

1. **Bedarfsermittlung**

   o Identifizieren Sie die Kommunikationsbedürfnisse des Teams.

   o Analysieren Sie aktuelle Kommunikationslücken und - probleme.

   o Dokumentieren Sie die gewünschten Funktionen und Anforderungen.

2. **Tool-Recherche**

   o Recherchieren Sie verfügbare Tools (z.B. Slack, Microsoft Teams, Zoom).

   o Bewerten Sie die Tools anhand der ermittelten Bedürfnisse.

   o Erstellen Sie eine Liste der in Frage kommenden Tools.

3. **Tool-Auswahl**

   o Wählen Sie die Tools aus, die am besten zu den Bedürfnissen Ihres Teams passen.

- o Berücksichtigen Sie Kosten, Benutzerfreundlichkeit und Integrationsmöglichkeiten.

- o Testen Sie die ausgewählten Tools mit einer kleinen Gruppe von Teammitgliedern.

4. **Schulung und Einführung**

- o Entwickeln Sie Schulungsmaterialien für die ausgewählten Tools.

- o Führen Sie Schulungen für alle Teammitglieder durch.

- o Stellen Sie sicher, dass alle Teammitglieder die Tools verstehen und nutzen können.

5. **Implementierung**

- o Implementieren Sie die Tools schrittweise, um die Akzeptanz zu erleichtern.

- o Erstellen Sie klare Richtlinien und Best Practices für die Nutzung der Tools.

- o Stellen Sie sicher, dass alle Teammitglieder Zugang zu den Tools haben.

6. **Kontinuierliche Überwachung und Anpassung**

- o Überwachen Sie die Nutzung und Effizienz der Tools regelmäßig.

- o Sammeln Sie Feedback von den Teammitgliedern zur Tool-Nutzung.

o   Passen Sie die Tools und Richtlinien bei Bedarf an, um die Effizienz zu steigern.

7.   **Integration mit anderen Systemen**

o   Integrieren Sie die Tools mit anderen Systemen und Plattformen, die das Team nutzt.

o   Stellen Sie sicher, dass die Integration nahtlos und benutzerfreundlich ist.

o   Testen Sie die Integrationen, um sicherzustellen, dass sie reibungslos funktionieren.

8.   **Sicherheits- und Datenschutzaspekte**

o   Stellen Sie sicher, dass die ausgewählten Tools den Sicherheits- und Datenschutzanforderungen entsprechen.

o   Schulen Sie das Team in den besten Praktiken für Datensicherheit und -schutz.

o   Überwachen Sie die Einhaltung der Sicherheits- und Datenschutzrichtlinien regelmäßig.

Checkliste 3: Förderung kultureller Sensibilität und Diversität

Kulturelle Sensibilität und Diversität sind entscheidend, um ein inklusives und vertrauensvolles Arbeitsumfeld in virtuellen Teams zu schaffen. Diese Checkliste bietet eine detaillierte Anleitung zur Förderung kultureller Sensibilität und Diversität.

1. **Sensibilisierung und Schulung**

   o Organisieren Sie Schulungen zur kulturellen Sensibilität für alle Teammitglieder.

   o Fördern Sie das Bewusstsein für kulturelle Unterschiede und Gemeinsamkeiten.

   o Ermutigen Sie Teammitglieder, ihre kulturellen Hintergründe und Perspektiven zu teilen.

2. **Inklusive Kommunikationspraktiken**

   o Verwenden Sie inklusive Sprache in allen Kommunikationskanälen.

   o Achten Sie darauf, dass alle Teammitglieder gleichermaßen zu Wort kommen.

   o Fördern Sie eine Kultur des Respekts und der Anerkennung für verschiedene Perspektiven.

3. **Berücksichtigung kultureller Unterschiede**

   o Planen Sie Meetings und Aktivitäten unter Berücksichtigung der Zeitzonen und Feiertage aller Teammitglieder.

   o Respektieren Sie kulturelle Unterschiede bei der Planung von Teamevents und -aktivitäten.

   o Fördern Sie die Vielfalt in der Teamzusammensetzung.

4. **Förderung einer inklusiven Kultur**

   o Implementieren Sie Richtlinien und Praktiken, die Inklusion und Diversität fördern.

   o Unterstützen Sie Initiativen, die die Vielfalt und das Engagement im Team stärken.

   o Feiern Sie kulturelle Vielfalt und besondere Anlässe innerhalb des Teams.

5. **Feedback und Anpassung**

   o Sammeln Sie regelmäßig Feedback zur kulturellen Sensibilität und Inklusion im Team.

   o Passen Sie Ihre Strategien und Maßnahmen basierend auf dem Feedback an.

   o Überwachen Sie kontinuierlich die Fortschritte und Erfolge in Bezug auf kulturelle Sensibilität und Diversität.

6. **Mentoring und Unterstützung**

- o Entwickeln Sie Mentoring-Programme, die kulturelle Vielfalt und Inklusion fördern.

- o Stellen Sie sicher, dass alle Teammitglieder Zugang zu Unterstützung und Ressourcen haben.

- o Ermutigen Sie Führungskräfte, kulturelle Sensibilität und Diversität aktiv zu fördern.

7. **Richtlinien zur Diversität**

- o Entwickeln und implementieren Sie Richtlinien zur Förderung von Diversität und Inklusion.

- o Stellen Sie sicher, dass diese Richtlinien in allen Bereichen des Unternehmens angewendet werden.

- o Überprüfen und aktualisieren Sie die Richtlinien regelmäßig, um sicherzustellen, dass sie relevant und effektiv bleiben.

8. **Erfolg messen und feiern**

- o Messen Sie den Erfolg Ihrer Bemühungen zur Förderung kultureller Sensibilität und Diversität.

- o Feiern Sie Erfolge und Meilensteine im Team, um das Engagement zu stärken.

- o Kommunizieren Sie die Erfolge und Best Practices innerhalb des Unternehmens.

Checkliste 4: Förderung der Transparenz in virtuellen Teams

Transparenz ist entscheidend, um Vertrauen und Zusammenarbeit in virtuellen Teams zu stärken. Diese Checkliste bietet eine detaillierte Anleitung, um sicherzustellen, dass alle wichtigen Schritte zur Förderung der Transparenz berücksichtigt werden.

1. **Regelmäßige Team-Updates und Meetings**
   - Planen Sie wöchentliche All-Hands-Meetings, um wichtige Informationen und Updates zu teilen.
   - Stellen Sie sicher, dass alle Teammitglieder die Möglichkeit haben, Fragen zu stellen und Beiträge zu leisten.
2. **Offene Kommunikation fördern**
   - Ermutigen Sie Teammitglieder, offen und ehrlich über Herausforderungen und Erfolge zu sprechen.
   - Etablieren Sie eine Kultur, in der Feedback willkommen ist und wertgeschätzt wird.
3. **Nutzung von Projektmanagement-Tools**
   - Implementieren Sie Projektmanagement-Tools (z.B. Asana, Trello, Jira), um den Fortschritt von Projekten transparent zu machen.
   - Stellen Sie sicher, dass alle Teammitglieder Zugang zu diesen Tools haben und sie effektiv nutzen können.
4. **Transparente Entscheidungsprozesse**
   - Kommunizieren Sie klar, wie Entscheidungen getroffen werden und welche Kriterien dabei berücksichtigt werden.

- o Dokumentieren und teilen Sie die Entscheidungsprozesse und Ergebnisse mit dem gesamten Team.

5. **Offenlegung von Unternehmenszielen und -ergebnissen**
   - o Teilen Sie regelmäßig Unternehmensziele, -kennzahlen und -ergebnisse mit dem Team.
   - o Stellen Sie sicher, dass alle Teammitglieder verstehen, wie ihre Arbeit zum Gesamterfolg des Unternehmens beiträgt.

6. **Klare Rollen und Verantwortlichkeiten**
   - o Definieren und kommunizieren Sie die Rollen und Verantwortlichkeiten jedes Teammitglieds klar und deutlich.
   - o Stellen Sie sicher, dass alle Teammitglieder ihre Aufgaben und Zuständigkeiten verstehen.

7. **Zugänglichkeit der Führungskräfte**
   - o Stellen Sie sicher, dass Führungskräfte für Fragen und Diskussionen offen und erreichbar sind.
   - o Planen Sie regelmäßige Einzelgespräche zwischen Führungskräften und Teammitgliedern, um direkte Kommunikation zu fördern.

8. **Regelmäßige Feedback-Runden**
   - o Planen Sie monatliche Feedback-Runden, um kontinuierlich Einblicke und Verbesserungsvorschläge zu sammeln.
   - o Nutzen Sie strukturierte Methoden wie das "Start-Stop-Continue"-Modell, um konstruktives Feedback zu erhalten.

9. **Dokumentation und Wissensaustausch**
   - o Entwickeln Sie eine zentrale Wissensdatenbank, in der wichtige Informationen und Best Practices dokumentiert werden.

- o Stellen Sie sicher, dass diese Datenbank für alle Teammitglieder leicht zugänglich ist und regelmäßig aktualisiert wird.

10. **Erfolg feiern und anerkennen**
   - o Feiern Sie regelmäßig die Erfolge und Fortschritte des Teams.
   - o Anerkennung und Wertschätzung für die erreichten Ziele stärken das Vertrauen und die Motivation der Teammitglieder.

Checkliste 5: Implementierung von Feedbackmechanismen

Effektive Feedbackmechanismen sind entscheidend, um das Vertrauen und die Zusammenarbeit in virtuellen Teams zu fördern. Diese Checkliste bietet eine detaillierte Anleitung zur Implementierung von systematischen Feedbackprozessen.

1. **Regelmäßige Feedback-Sitzungen planen**
   - Planen Sie wöchentliche oder monatliche Feedback-Sitzungen, in denen Teammitglieder ihre Gedanken und Bedenken offen teilen können.
   - Stellen Sie sicher, dass diese Sitzungen als sicherer Raum gestaltet sind, in dem ehrliches und konstruktives Feedback gefördert wird.
2. **Strukturierte Feedback-Methoden verwenden**
   - Nutzen Sie strukturierte Methoden wie das "Start-Stop-Continue"-Modell, um systematisch Feedback zu sammeln.
   - Entwickeln Sie klare Richtlinien und Fragen, um das Feedback zu fokussieren und relevant zu machen.
3. **Anonyme Feedback-Optionen anbieten**
   - Bieten Sie Möglichkeiten für anonymes Feedback an, um ehrliche Rückmeldungen zu fördern.
   - Nutzen Sie Online-Tools, um anonymisierte Feedback-Umfragen zu erstellen und durchzuführen.
4. **360-Grad-Feedback-Programme einführen**
   - Implementieren Sie 360-Grad-Feedback-Programme, um umfassendes Feedback von Kollegen, Vorgesetzten und Untergebenen zu sammeln.

o Stellen Sie sicher, dass das Feedback vertraulich behandelt wird, um eine offene und ehrliche Rückmeldung zu fördern.

5. **Peer-Review-Systeme etablieren**
   o Implementieren Sie regelmäßige Peer-Reviews, bei denen Teammitglieder die Arbeit ihrer Kollegen bewerten und konstruktives Feedback geben.
   o Entwickeln Sie klare Richtlinien und Kriterien für die Peer-Reviews, um Objektivität und Konstruktivität zu gewährleisten.

6. **Feedback-Workshops organisieren**
   o Planen Sie Workshops, um Teammitglieder in der Kunst des effektiven Feedbackgebens und -empfangens zu schulen.
   o Fördern Sie den Austausch von Best Practices und die Entwicklung von Kommunikationsfähigkeiten.

7. **Feedback in die kontinuierliche Verbesserung integrieren**
   o Nutzen Sie das gesammelte Feedback, um kontinuierliche Verbesserungsprozesse zu gestalten.
   o Zeigen Sie, dass das Feedback ernst genommen wird, indem Sie konkrete Maßnahmen und Veränderungen daraus ableiten.

8. **Ergebnisse und Maßnahmen kommunizieren**
   o Kommunizieren Sie die Ergebnisse der Feedback-Sitzungen und die daraus abgeleiteten Maßnahmen offen mit dem Team.
   o Fördern Sie Transparenz und zeigen Sie den Teammitgliedern, dass ihre Rückmeldungen zu konkreten Veränderungen führen.

9. **Regelmäßige Überprüfung und Anpassung**
    - Überprüfen Sie regelmäßig die Effektivität der Feedbackmechanismen und passen Sie diese bei Bedarf an.
    - Sammeln Sie Feedback zur Feedback-Kultur selbst, um kontinuierliche Verbesserungen sicherzustellen.
10. **Erfolge feiern und anerkennen**
    - Feiern Sie die Erfolge und Fortschritte, die durch das Feedback erreicht wurden.
    - Anerkennung und Wertschätzung für die Verbesserungen stärken das Vertrauen und die Motivation der Teammitglieder.

Checkliste 6: Förderung der Mitarbeitereinbindung

Die Einbindung der Mitarbeiter ist entscheidend, um Engagement und Motivation in virtuellen Teams zu fördern. Diese Checkliste bietet eine detaillierte Anleitung, um sicherzustellen, dass alle wichtigen Schritte zur Förderung der Mitarbeitereinbindung berücksichtigt werden.

1. **Klar definierte Ziele und Erwartungen**
   - Kommunizieren Sie klare Ziele und Erwartungen an das gesamte Team.
   - Stellen Sie sicher, dass alle Teammitglieder verstehen, wie ihre Arbeit zu den Unternehmenszielen beiträgt.
2. **Einbeziehung in Entscheidungsprozesse**
   - Binden Sie Teammitglieder in Entscheidungsprozesse ein, um ihre Meinungen und Ideen zu berücksichtigen.
   - Fördern Sie eine Kultur der Mitbestimmung und des gemeinsamen Entscheidens.
3. **Regelmäßige Kommunikation und Updates**
   - Stellen Sie regelmäßige Updates und Informationen über Projekte und Unternehmensentwicklungen bereit.
   - Nutzen Sie verschiedene Kommunikationskanäle, um alle Teammitglieder zu erreichen.
4. **Förderung von Teamarbeit und Zusammenarbeit**
   - Organisieren Sie regelmäßige Team-Meetings und gemeinsame Projekte, um die Zusammenarbeit zu fördern.
   - Stellen Sie sicher, dass alle Teammitglieder die Möglichkeit haben, ihre Fähigkeiten einzubringen.
5. **Anerkennung und Wertschätzung**
   - Anerkennen und würdigen Sie regelmäßig die Leistungen und Beiträge der Teammitglieder.

- o Nutzen Sie verschiedene Methoden der Anerkennung, wie persönliche Danksagungen, öffentliche Anerkennungen in Meetings oder formelle Anerkennungsprogramme.

6. **Möglichkeiten zur beruflichen Entwicklung**
   - o Bieten Sie regelmäßige Schulungen und Weiterbildungsprogramme an, um die berufliche Entwicklung der Teammitglieder zu fördern.
   - o Entwickeln Sie individuelle Entwicklungspläne, die auf den Stärken und Interessen der Mitarbeiter basieren.

7. **Mentoring-Programme etablieren**
   - o Entwickeln Sie Mentoring-Programme, um den Wissensaustausch und die persönliche Entwicklung zu fördern.
   - o Paaren Sie neue Teammitglieder mit erfahrenen Kollegen, die ihnen helfen, sich im Team zurechtzufinden.

8. **Umgang mit Feedback und Verbesserungsvorschlägen**
   - o Fördern Sie eine offene Feedback-Kultur, in der Verbesserungsvorschläge willkommen sind.
   - o Zeigen Sie, dass das Feedback ernst genommen wird, indem Sie konkrete Maßnahmen daraus ableiten.

9. **Förderung von Work-Life-Balance**
   - o Stellen Sie sicher, dass die Arbeitsbelastung der Teammitglieder angemessen ist und ihre Work-Life-Balance unterstützt wird.
   - o Bieten Sie flexible Arbeitszeiten und -modelle an, die den individuellen Bedürfnissen der Mitarbeiter entsprechen.

10. **Erfolge feiern und kommunizieren**
    - o Feiern Sie regelmäßig die Erfolge und Fortschritte des Teams.

- ○ Kommunizieren Sie die Erfolge und Best Practices innerhalb des Unternehmens, um das Engagement und die Motivation der Teammitglieder zu stärken.

Über die Autorin

Daniela Baumüller ist Diplom-Wirtschaftspsychologin mit langjähriger Erfahrung in der Vertrauensbildung und virtuellen Zusammenarbeit. Bereits in ihrer Diplomarbeit untersuchte sie, wie Vertrauen bei Usern online geschaffen werden kann. Sie arbeitete mehrere Jahre in Online-Unternehmen, darunter auch in vollständig virtuellen Teams, und sammelte umfassende Erfahrungen in den psychologischen Dynamiken solcher Arbeitsumgebungen. In den Jahren ihrer freiberuflichen Tätigkeit vertiefte sie diese Kenntnisse weiter. Ihre Erfahrungen und ihre große Begeisterung für Psychologie haben sie dazu inspiriert, dieses Buch zu schreiben, um anderen dabei zu helfen, Vertrauen und Effektivität in virtuellen Teams zu fördern.